資本主義に出口はあるか

荒谷大輔

講談社現代新書

2536

序　社会って、こういうもの？――ゼロから社会を見直すこと

「社会とはそういうもの。みんな同じルールでやっているのだから、こうやって生きていくしかない」。そう思っている方も多いのではないでしょうか。ときに非常に厳しい環境に置かれることになっても「いやだからやめる」なんてそう簡単にはいえません。「社会的不正」のようなものもたびたび問題にはなりますが、自分には日々やらなければならない仕事があるのでメディアが代わりに叩いてくれるのを眺める程度、自分が直接「社会のルール」の部分に関与することはほぼない、というのが一般的な生活であるように思われます。

しかし、「この社会」のルールに則《のっと》って生きることは、それなりに厳しいものになってきています。その人の社会的な立場によって感じ方が異なることだとは思いますが、一般的にいって一九八〇年代以降、年を追うごとに「この社会のルール」が厳しくなっていることは確かだといえます。この本の執筆時にもちょうど経団連会長の中西宏明氏が「正直いって、経済界は終身雇用なんてもう守れないと思っているんです」と発言し話題になり

ました（二〇一九年四月一九日）。こうした変化を「実力に応じた待遇の実現」ということでポジティブに評価することもできるかもしれません。しかし、個々の労働者にかかる「生産性向上」の圧力の強さが以前と比べて高くなっていることは、客観的に認められることだと思います。かつては確かに「生産性の低い人材」を抱えてなお実際に企業が成長できていた時代がありました。しかし、その時代は過ぎ去り、個々の労働者が自らの生き残りをかけて生産性を上げなければ、経済自体が回らない状態になっているのです。

繰り返しますが、そうした状態を「各人が活き活きと輝いている社会」とポジティブに評価したい人をあえて否定しようというわけではありません。しかし他方で、そうした社会の変化を「それ以外にはない」という理由で望まず受け入れている人の数もそれなりに多くなっているようにも見受けられます。「それが社会というものだ」といいながら、積極的には歓迎しないものを仕方なく受け入れている人がいたとすれば、「まったくそんなことはない」とその人に伝える必要がある。それが本書を世に出す意味になります。「この社会＝社会」ではないのです。

もちろん、簡単には納得していただけないでしょう。われわれはすでに長らく「この社会」に生きてきました。これ以外の社会を知る人も少なくなっています。しかし、学者としてそうした研究を続けている人間はまだ生き残っています。既存の価値観から離れてゼロから社会を見直す「哲学者」です。

哲学というのは、本来、そのような根本からの見直しを続ける学問だったはずなのですが、残念ながら現状ではそこまで踏み込んで議論するものは少なくなってしまいました。哲学者も人の子ですので、生活のために経済的な基盤が必要です。「この社会」が安定的に発展しているように見える状況では、ゼロから見直してもそこに社会的な意義が見出されることはありません。苦労して研究してもそれが「お金」にならないならば、わざわざそんなことをやろうとする人間も少なくなるでしょう。「この社会」でも「哲学」の名はたまに聞こえてきますが、それは「役立つ道具」として環境適応したものだったり、「教養」という旧来の価値観を重く引きずるものだったり、特定の政治性を背景に展開されるものだったりしています。それらのことも含めて本当にゼロから別な社会の可能性を考える「哲学」は、だいぶ少数派になっているのでした。

しかし、「この社会」の先行きが不透明になってきている現状では、あらためて考え直す必要が出てきます。少なくとも「この社会」のほかにないと考え、生きることに苦しむ人が増えている状況で、本来の意味の「哲学」をあらためて実践することには一定の意義があるように思われます。そして実際に考え直してみれば、今日のわれわれの社会の発展が思いのほか、脆弱《ぜいじゃく》な基盤の上に成立していることが見えてきます。今日われわれが直面している様々な問題は、まさにそうした構造上の欠陥に基づくものであることが分かるのです。そうしたことを見据えた上で新しい社会の可能性を考えるというのが本書の目的になります。

もう少し具体的にこの後の展開を見ておきましょう。

第一章「この社会はどんな社会なのか」では、われわれが生きている「この社会」の成立過程を振り返って考えます。この社会の「当たり前」は歴史の中で作られたものですが、振り返って見てみると、これを「当たり前」とする根拠は、実はほとんど存在しないことが見えてきます。「この社会」が別な社会よりもよいというためには普通、何かもっともらしい理由がほしいところですが、「この社会」の成立に、そうしたものを見つけることはできません。「私的所有権」や「自由」「平等」などといった、いまの世の中でしばしば水戸黄門的に絶対正義とされる概念でさえ、ひどく恣意的な議論から導き出されていることがお分かりになると思います。

そういうことをいうと、この本の筆者は「自由」「平等」といった概念すら全否定しようとする危険人物なのかと思われるかもしれませんが、そうではありません。最後までお読みいただければ分かっていただけると思いますが、本書が提案する「新しい社会」では、それらの「自由」「平等」という概念の再定義を試みます。「この社会」で使われている「自由」「平等」の概念を否定したいのではなく、むしろ、それがいかにポンコツな理論の上に成立しているかを見ようというわけです。問題も含めてきちんと事柄を見定めて、真摯に修正すべき点を確認するところからはじめたいと思います。

こういうと難しい話が展開される印象をもたれるかもしれませんが、本書ではなるべく一般の方々にも分かりやすい記述を心がけました。専門研究としてはもちろん、きっちり細かい話を積み上げていかないといけません。筆者もどちらかといえば研究者としてそうした議論を好みますが、それは別の場でやることにします。この本では「この社会」の構造を見通しよく提示するために、一八世紀から二一世紀に至るすべての社会思想の展開を、ロックとルソーという二人の思想家の対立で描き切ることにしました。

先に見た「自由」「平等」という概念も、「この社会」であまりに神格化されているために、いろんな意味をごちゃ混ぜにして恣意的に使われています。ですが、ロックとルソーの対立で見ると、「自由」も「平等」も、互いにまったく相容れない二つの意味をもっていることが分かります。ロックとルソーはともに「この社会」のルールの設定に深く関係する思想家ですが、二人はまったく違う意味で（それどころか完全に対立する）「自由」と「平等」という概念を使っているのです。「この社会」における様々な混乱の原因は、そうしたところにも見出されます。

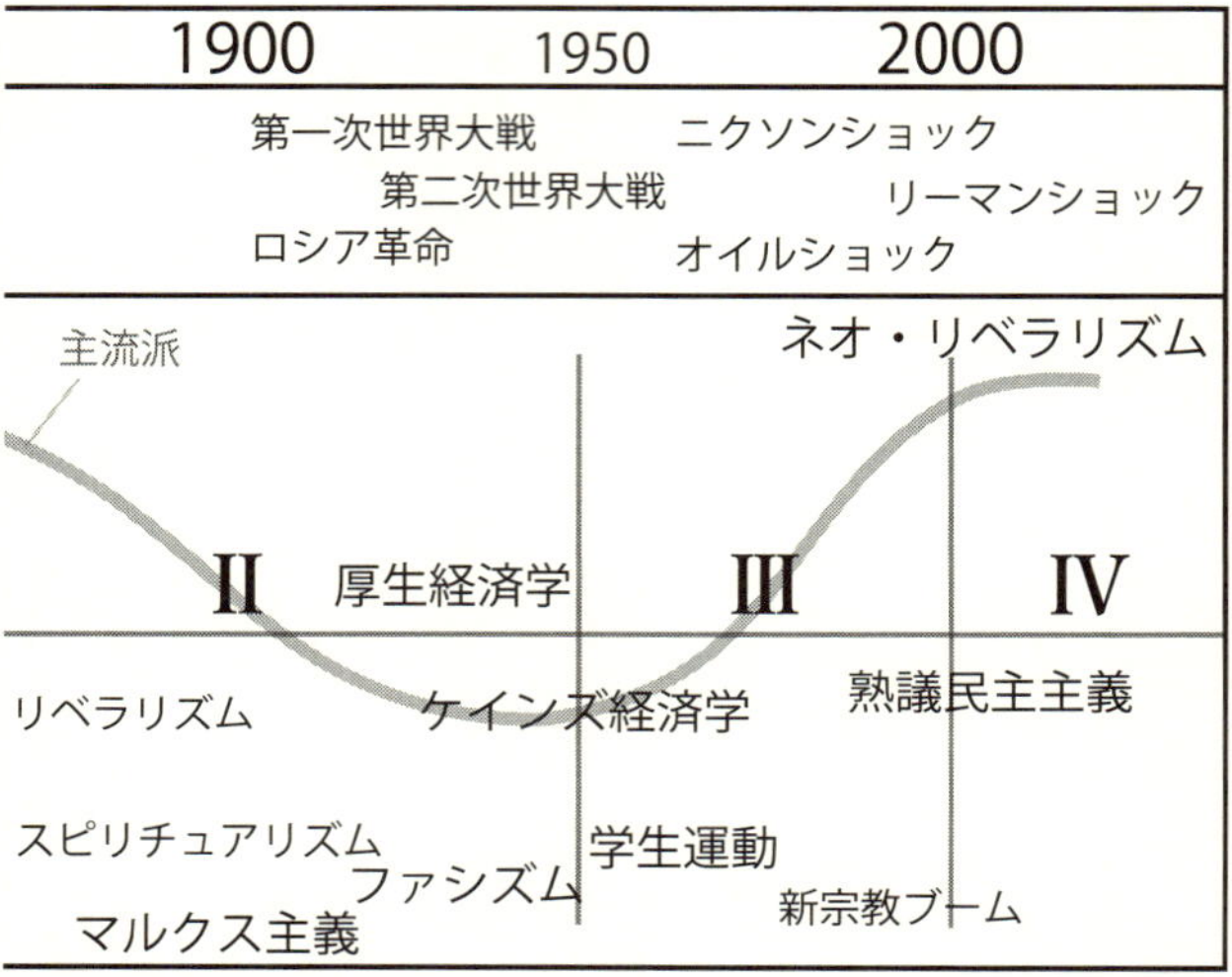

「この社会」をロックとルソーの対立で見ることのもうひとつのメリットは、「右／左」という政治的対立の構造をすっきり整理できるということです。一般に、近代以降の社会の政治勢力の対立とその歴史的な展開は「右翼／左翼」といった言葉で分けて語られます。しかし、社会をその構図で理解することは、近年とりわけ困難になってきています。

例えば、歴史的にも実際的にも旧来のリベラル勢力を代表していると見なされる立憲民主党の枝野幸男氏がインタビューで「自分は保守である」といっているところにも、そうした混乱が確認できるでしょう。「保守／リベラル」という対立が「右／左」と、どう関係するかはあとで詳しく

	自由	平等	政府	1800　1850
出来事				労働者階級の貧困化 経済成長・人口急増
ロック	消極的自由	機会の平等	小さな政府	古典派経済学 I
ルソー	積極的自由	結果の平等	大きな政府	ニュー・ 教養主義 ロマン主義

見ます。さしあたりここでは、そうした分類がほとんど意味をなくしていることが確認できれば十分です。これまで政治的勢力の対立軸と見られてきた「保守／リベラル」「右／左」という区分が、それぞれ何を意味していたのか分からなくなるほど曖昧に使われるようになっているのでした。

しかし、「左(Left)／右(Right)」の「L／R」を、「ロック(Locke)／ルソー(Rousseau)」の「L／R」に替えるだけで、だいぶ見通しが変わります。「右／左」の対立というのは、そもそも歴史上実際にロックとルソーの思想的対立から出発しています。しかし、「右／左」と図式化される中で対立の思想的な背景が外されてしまいました。便利に使われる一方で問題の本質が見えなくなってしまったのです。

第一章「いまはどんな時代なのか」では、ロックとルソーの思想的対立を軸に歴史を辿り直すことで、現状見えづらくなっている「この社会」の構造を明らかにしたいと思います。ロック／ルソーによる近代社会の成立から現在にかけてを前頁の図のような四つのフェーズに分け、社会の主流の揺れ動きとして歴史を振り返ります。

ロックの思想は資本主義の発展へと繋《つな》がりました（フェーズⅠ）が、一九世紀後半にはその発展による歪みが大きな社会問題になりました。労働者の権利などが確立する以前、資本主義社会の発展の中でそれまでには存在しなかった極度の貧困が生み出されたのでした。その問題を受けた社会改革の動きが、様々なかたちで展開します。経済学内部での改革だけでなく、資本主義社会の転覆を目指したマルクス主義革命、民族共同体の再興を目指したファシズムの運動が起こりました（フェーズⅡ）。そうした様々な動きの背景にルソーの影響を見ることによって、一見すると複雑に見える「この社会」の構造をすっきりと見渡す視点が得られます。

第二章「いま社会で何が起きているのか」では、続けて同じ図式を用いて、われわれが生きている「この社会」のいまを見ます。第二次世界大戦後、「反資本主義」の運動が収まる中で、アメリカを中心にした戦後国際秩序と戦後民主主義の体制が固まっていきます

（フェーズⅢ）。戦後しばらくは経済成長と民主主義社会の拡張は幸せな共生関係を実現しましたが、一九八〇年代以降、ネオ・リベラリズムの台頭の中で旧来のリベラリズム（＝ニュー・リベラリズム）の退潮が明らかになりました（フェーズⅣ）。そうした流れをロックとルソーの対立を軸に見ることで、いまのわれわれが生きる「この社会」を、その成立以来の長い歴史的なスパンで一望することが目指されます。こうした視点で歴史を見ること自体、これまでになかった新しいことなのですが、実際見直してみると存外事柄の本質に即したものであることが分かっていただけると思います。

そのような視座を確保することで「この社会」が現在、どのような局面を迎えているかが自ずと見えてくるでしょう。先行きが不透明な現代社会を理解するための言葉は巷《ちまた》に溢れていますが、それらの大部分は視野が非常に限られていて問題の本質を捉えていないように見受けられます。しかし、本書に即して歴史を眺めていただければ「不透明」といわれるものの多くについて、クリアに問題を見通すことができるはずです。そしてそこまで見えてくれれば、われわれがいま生きている「この社会」だけが人間が生きる社会の最適解だとは到底いえないことがお分かりいただけるでしょう。「この社会＝社会」ではないのです。

その上で最後に、来《きた》るべき「新しい社会」を「哲学者」の立場からご提案したいと思います。第四章「資本主義社会の「マトリックス」を超えて」では、本当の意味での「自由」「平等」「多様性の尊重」を実現する社会のあり方をご提案させていただきました。どんな社会を作っていくのがいいかということは、実際にはみなで決めるべきことですから、これが絶対というつもりはまったくありません。しかし、歴史の積み重ねの中で見えてきた「この社会」の反省点は一通り踏まえたものになっているつもりです。いわゆる哲学的な議論まで話を掘り下げる必要があるのですが、なるべく日常的に経験される例に即して話を展開するようにいたしました。

ともあれ重要なのは、こうした議論を通じて「この社会」しかありえないという前提が外れていくことだと思います。本書の提案が吟味されるとき、すでに別様な社会の可能性を探る視点が生まれていたならば、そこからともに未来へと向けた一歩を踏み出すこともできるでしょう。拙《つたな》い語りではありますが、どうぞ最後までお付き合いいただければ幸いです。

目次

第二章　いまはどんな時代なのか
――「ロック／ルソー」で辿る近現代史――

あとがき

第一章　この社会はどんな社会なのか
――「右／左」の対立の本質

「右／左」という対立軸

われわれがいま生きている「この社会」とは、どんな社会なのでしょうか。「社会」というよく分からないものの情勢をさぐるために、従来「右／左」あるいは「保守／リベラル」という概念対が用いられてきました。「右」「左」「保守」「リベラル」というそれぞれの言葉の中身は、話し手の立場や文脈によってその都度、微妙に異なったりします。しかしまずは一般的に、「保守」あるいは「右」を「伝統や歴史を守って急激な社会変化を好まない傾向性」、「リベラル」あるいは「左」を「平等な社会を目指して社会を（ときに急進的に）改革しようとする方向性」と理解するところから話をはじめましょう。

二大政党制をとるアメリカの例を見るのが分かりやすいかと思います。共和党は国内の保守勢力を支持基盤とし、民主党はリベラルな勢力を代表しているといわれます。二つの党は、支持基盤の傾向に基づいて対立する選択肢を示し、選挙によって国民の意志が問われるというわけです。「右／左」の対立は、そこでは二大政党制を支えるものとして機能しています。

しかし、そうした一般的な理解から、もう少し掘り下げようとするとすぐに壁にぶつかります。まず社会はなぜ、「右」と「左」に分けられるのでしょう。単純に形式的に考えると、社会というのは様々な人の集まりなわけですから、必ずしも二つに分けられるものでもないように思います。政治的な立場の対立点を考えるにしても、なぜいつも「右／左」で考えられるのでしょうか。「伝統を重んじる」とか「平等を目指す」とか、特定の二つの方向に世論が集約される理由が分かりません。もちろん、「中道」という言葉でどちらにも属さないものが語られる場合もあります。が、その言い方はむしろ対立軸を前提にしています。両極端を分けた上ではじめて「真ん中」という言葉が意味をもつわけですから。そもそもなぜ「右／左」の対立軸が社会を考える上で重要なのか、その点をきちんと説明する議論は意外にも少ない気がします。

また、「右／左」が、あらかじめ対立すると考えられている点もよく分かりません。先ほどのように「右」を「伝統や歴史を尊重すること」、「左」を「平等な社会を実現すること」と考えるとして、「伝統を重んじる平等社会」を想定することはできます。「右」「左」が対立しない場合も、少なくとも言葉の意味だけを考える限りでは、十分ありうるように思われます。

しかし、そうしたことはあまり考えられません。むしろ両者は対立することではじめて意味をもつと考えられている節もあります。「右」は「左」に対して「右」であり、「左」は「右」に対して「左」なのであって、「右」「左」といわれるものの中身が話し手や文脈によって微妙に異なるのは、その対立点が変化するからであるようにも思われるのです。しかし、対立することを「当たり前」と考える根拠は何でしょうか。その点も、あまり深く考えられてはいないように思います。

ただ、このような理論的あるいは形式的な疑問とは別に、「右／左」という分類が実践上とても有用だったことは事実です。漠然とした仕方ではあるにせよ、社会というよく分からないものの動向を目に見えるかたちで議論することができるわけです。使い方によっては、自らの立場を正当化するために反対の立場を否定することもできますし、選択肢を対立的に示すことで政治的な争点を分かりやすい図式で示せるというメリットもあります。「右／左」という図式は、あるいはこうした実践において「役に立つ」ものと考えられるかもしれません。

「右／左」という対立軸の捻れ

しかし、一九八〇年代あたりから、「右／左」の対立軸で社会を理解することが非常に困難になってきました。アメリカにおける「レーガノミクス」、イギリスにおける「サッチャリズム」あたりがそのはじまりです。そこでは「ネオ・リベラリズム」と呼ばれる、ある種の「リベラル」な勢力の提唱する政策が、保守層を基盤とした政党によって実現されるという構図が生まれました。

ネオ・リベラリズムはカタカナを使わずに「新自由主義」と訳したいところですが、実はそのだいぶ前にまったく反対の立場を「ニュー・リベラリズム」と呼ぶ文脈があったため、その混同を避けるためにそのまま音で表記せざるをえない事情があります。そのこと自体が「リベラル」な立場の複雑さを示しているわけですが、ネオ・リベラリズムは、その中で経済的な必要性を背景に、自由競争を推進する立場を指します。規制緩和をして競争を促すことで、市場を活性化することが目指されるわけです。「構造改革」を進め、民営化できるところは民営化して市場競争に委ねるというネオ・リベラリズム的な政策は、その後日本でも、小泉政権下（二〇〇一〜二〇〇六年）で展開されましたので、ある意味、身近なところであると思われます。

しかし、ここに至って「右／左」という対立軸は、ほとんど役に立たないものになってしまいました。何しろ「保守」を代表する政権が、「リベラル」な政策を実現するために「改革」を断行するわけですから、従来の「右／左」の対立軸はぐちゃぐちゃです。「保守」とは、少なくとも従来の一般的な使い方としては「改革」に反対する傾向をもった人たちを指す言葉でした。改革する保守というのは、ですので、軽い語義矛盾になっているわけです。それだけではありません。従来の「リベラル」な勢力を代表する人々もまた、あべこべに「改革」に待ったをかけようとする役回りを演じています。そう考えると「保守／リベラル」の対立は何だったのかということにならざるをえません。

しかもこのことは、単に一時期の政治的な動きではなく、一九八〇年代以降、ある程度固定化した傾向になっています。例えば本書執筆時ですと、安倍政権下の「働き方改革関連法案」を巡るやり取りを見れば分かりやすいでしょうか。自民党をはじめとした保守層が「構造改革」の一環として裁量労働制の対象範囲を拡大しようとするのに対して、立憲民主党などのリベラルな勢力が「長時間労働につながる」と強硬に反発しました。これを「保守的な右派」と「リベラルで急進的な左派」といった構図で理解することはできないでしょう。

つまり、ごく穏当にいって、一九八〇年代以降の世界の政治経済的な構造においては「右／左」という対立軸が捻れてしまっているということです。従来、社会というよく分からないものは「右／左」に分かれ、両者の陣営は一定以上の連続性をもって「保守」あるいは「リベラル」な傾向を代表し続けていると考えられていました。しかし、いまや「伝統と歴史を尊重する」はずの「保守」が改革を断行するという事態になっています。「右／左」あるいは単に「与党／野党」という対立は残っているようにも見えますが、しかし、それらの陣営が実際のところ何を代表しているのかということが、よく分からなくなっているというのが現状のような気がします。

従来の概念対が機能不全に陥る中で、それに代わる概念はいまだ作られていません。社会を可視化する装置が失われて、いまやわれわれは、政治的な領域で何が起きているのか、本当のところがよく分からない状況に置かれているようにも思われます。例えばわれわれは、いまの「保守派」がやろうとしていることの内実を正確に把握できているでしょうか。仮に「伝統と歴史の尊重」が保守派の理念だったとして、それは競争社会を激化させるネオ・リベラリズムの推進と、どう折り合いをつけるものなのでしょう。あるいは、折り合いがつくものだとすれば、そこで目指されている「社会」とは一体どのようなものなのでしょうか。従来の「右/左」の枠組みが失効したことによって、このような問い自体も表面化しないまま、目先の問題が処理され続けているように思われます。

「右/左」の起源

では、「右/左」に代わって社会の見通しをよくする概念図式は存在しないのでしょうか。そんなことはありません。「右/左」に代えて「ロック/ルソー」という新しい対立軸を使うことで、今日に至る近代社会の構造を一望できるようになります。「右(Right)」に当たるのが「ロック(Locke)」で、「左(Left)」が「ルソー(Rousseau)」という対応になります。それぞれの頭文字のLとRの対応がちょうど逆になってしまうのは非常に残念です。

これはしかし、単なる冗談ではなく、事柄の本質に即した言い換えです。まずは歴史的な起源の部分を振り返っておきましょう。「右／左」という概念対で政治的な勢力の対立を表すようになった、ことの起こりをご存知でしょうか。それはフランス革命時の議会の席次によるものでした。フランス革命議会はよく知られるように非常に紛糾しました。ロベスピエールが率いる山岳派は常に議会の一番左側に陣取り、より穏健的な改革を求める陣営は相対的に右側に席を占めました。立憲君主制の確立を目指したフイヤン派、ブルジョワジーの権益を代表しつつ、より穏健な革命の着地を目指したジロンド派、最初は同じジャコバン派であった人々も、急進的に革命を推進しようとする勢力との距離によって「右」に位置づけられたのでした。

つまり、「左」という言葉が、平等を求めて急進的な改革を求める一派という意味を担うに至ったのはロベスピエールを原型とするものだったのです。それに対して、「右」は、王制への回帰も視野に入れながら、革命の穏当な着地を求める人々を指して使われる言葉でした。「右／左」という対立によって政治勢力の分布を見る図式は、こうして生まれたわけです。

その最初の「右／左」の構図の中で、ロベスピエールは、ルソーのように生きることを誓ってフランス革命を「テロリズム」へと導いた人でした。対してより穏健な改革を求めた人々はロックの名誉革命を範にブルジョワジーの権利を代表していました。詳しくは後に見ますが、「右／左」が問題になる最初の場面で対立の軸となっていたのは、ロックとルソーという二人の社会契約論の著者の思想的な対決だったわけです。

ロックとルソーは、それぞれに王制に代わる近代的な社会のシステムを構想した思想家ですが、それぞれが描く「近代社会」は、単に異なるというだけでなく、激しく対立するものでした。その対立は、実際のところ、まったく両立不可能なレベルにまで達しています。二人はつまり、まったく異なる「社会」を構想したのです。しかし、われわれが生きているいまの社会は、ある特殊な歴史的な経緯を辿って、この両立不可能なものの共存というかたちで実現しています。そうした経緯を考えると「この社会」がなぜ「右／左」という対立する二つの勢力に分かれるのか、その理由も見えてきます。つまり、「この社会」が、二つの相容れない「社会」が同居するものだからこそ、いつでも対立する二つの勢力に分かれてきたと考えることができるわけです。これはまだ展望段階のものですから、にわかには納得していただけないかもしれません。しかし、少なくともロックやルソーの思想が実際にどのようなものだったのか、知りたくなってきませんか。過去の思想家の書いたものを振り返って検討することは、現在の社会の構造を理解するために非常に重要な意味をもちます。以下、ロックとルソーの思想的な対立のポイントを見ていくことにしましょう。

「社会契約論」とは何か

ロックとルソーは、ともに「社会契約論」という議論の枠組みを用いて近代における新しい社会のあり方を描きました。社会契約論で有名なのは、トマス・ホッブズ、ジョン・ロック、ジャン＝ジャック・ルソーの三人でしょう。しかし、近代思想の形成に非常に重要な役割を果たしたホッブズについては今回は割愛せざるをえません。ホッブズについては『リヴァイアサン』だけでなく、あまりよく知られていない『物体論』も本当はとっても重要です。またホッブズに限らず、グロティウスやプーフェンドルフ、あるいはスアレスなど、近代の社会契約論に至る前段階の過程をきちんと跡づけることは、近代社会がどのような要素から成るものかを見るために非常に重要な意味をもちます。しかし、その重要さをわかってもらうためには、まずは近代の枠組みについて理解していただくことが必要です。それゆえここではやはり、近代の二つの革命とその後の憲法制定に直接関係したロックとルソーの対立に絞って見ていきたいと思います。

さて、社会契約論はふつう、人間の「自然状態」というものを設定するところからはじめます。「自然」という言葉は、日本語のニュアンスに引きずられて実はかえって分かりづらいところがあるのですが、西洋語では「自然（nature）」には「本性（nature）」という含みがあります。「自然状態」という語も、日本語でいうと不必要に曖昧で焦点がボケますが、西洋語でいうと人間が自分の本性だけに従って生きている状態という意味でほぼ確定です。社会で人間が恣意的に作ったルールに縛られなければ、人間は自分の本性の通り、ありのままをさらすことになるだろう、というわけです。

しかしでは、人間のありのまま、というのは、どういうものでしょう。それを考えようとすると、どうしても「人間とは何か」という根本的な問題に行き着きます。実際、よく知られているように、ホッブズ、ロック、ルソーが考える自然状態は、かなり異なるものでした。ホッブズは人間を放っておけば互いに争い合うものと捉え、ルソーはそれとは違って自然状態における人間こそが互いに対する慈愛の心をもっていたと考えました。ロックは、実は一般に知られるよりもずっとホッブズに近いところから出発しているのですが、それでもやっぱりホッブズとは決定的に違います。要するに、思想家によってある程度恣意的に、人間の「本性」を設定しているわけです。このあたりのところはあるいは、読者のみなさまもかつてどこかで読んで、その理屈抜きの断定に辟易されたことがあるかもしれません。

しかし重要なのは、そのよく分からない理屈で語られる「人間なるもの」の設定の上に、「この社会」で誰もが疑わない「当たり前」が成立しているということです。例えば、私的所有の権利などがそうです。早速確認しましょう。ロックの社会契約論です。

ジョン・ロックの社会契約論

ロックはまず人間の自然状態、あるがままのあり方は「自分自身の身体を所有していること」としました。一見するところ、なぜこんな設定をするのかよく分からないというような自然状態の設定です。しかし、最初の設定を「そういわれればそうだよね」ぐらいのライトな記述に抑えておくことが、おそらくはロックにとっては非常に重要だったのではないかと思います。というのも「自分の身体は自分のもの」とすることでロックは、すぐに「その身体を使って作ったものは自分のもの」と展開し、そうして私的所有の権利を人間の自然本性に組み入れることに成功するからです。

これはある意味、非常に鮮やかな議論の展開だと思いますが、しかしみなさん、説得されましたでしょうか。「説得」というのは、コミュニケーション上の事柄ですので、論理的に正しくないものについても人は割合と簡単に「説得」されます。ですので、この場合にも、中身を吟味するよりも前に「共感」のレベルで納得できる方もいらっしゃるでしょう。しかしいまやりたいのは、いまの社会を成り立たせている条件を明らかにすることですので、努めて疑ってみることが必要となります。それはみなが当たり前に思うことを否定してやろうということではなく、単に無条件に「当たり前」とされるものの構造を明らかにするための方法だと思っていただければと思います。

ではもう一度、考えてみましょう。ロックがここで展開しているのは、（1）自分の身体は自分のもの、（2）その身体を使って作ったものは自分のもの、（3）それが人間の本性に即した自然な状態だ、という議論でした。考えてみましょう。まず、（1）の前提があやしいです。当たり前だといわれるかもしれませんが、しかし、よく考えてください。自分の身体は親が生んだものですし、自分のものだから勝手にしていいかというとそれなりに微妙な問題もあります。「結局最後は自分でしょ」といいたい人もいるかもしれませんが、それは原因と結果の関係を逆転した話ではないでしょうか。いまの社会では個人化されることが「当たり前」だから、自分で自分の責任を取らなければならないわけですが、互いが私的所有を主張しない社会では、もしかしたらすべてを「自分」に還元しなくてもいいかもしれません。まとめるとつまり、ロックの議論はまず（1）の前提において、それなりに偏った立場をとっているように思われます。

加えて、（1）から（2）に至る議論の展開もかなりあやしいと思いませんか。仮に（1）の前提が正しいとしても（2）は直ちに導かれません。なぜなら、身体が何らかの生産物を作るときには常に何らかの材料が必要だからです。自分の身体から排出されるものだけで何かを作るのなら、それはもしかしたら「純粋な贈与」といえるかもしれませんが、大抵の場合には、われわれは他のものとの関わりの中でしか何かを作ることはできません。だとすれば、なぜ生産物を独占的に所有する権利をもつなどといえるのでしょうか。生産物の所有権を主張するためには、まず材料となるものについての所有権がなければなりません。しかし、ロックの議論は「所有権」というものを基礎づけるためのものでした。所有権を導くために所有権を前提にするのは、論点先取と呼ばれる誤謬になります。

ロックの「但し書き」の問題

少し細かいことをいうようですが、実はこの点についてロックは「但し書き」をつけています。身体を使って作られたものが自分のものであるのは、材料として使うものが他人にも十分にたっぷりと残る場合のことだとロックはいっていたのでした。つまり、ロックは、私的所有権を設定するにあたって、資源の一部が独占されても他の人の取り分に影響が出ない状態を想定しているのです。さすがにロックも頭のいい人ですから、筆者が指摘するような（1）から（2）に至る議論の不味さには気づいていたというわけですね。確かに、こういった但し書きをつけるならば、少なくとも議論の展開上は所有権の論点先取は回避できることになります。

しかしまさに、この「但し書き」の存在が、大きな問題を引き起こしました。何しろ、この但し書きを私的所有権が成立するための前提条件のようなものと考えると、現状われわれの社会で認められている私的所有権のほとんどが無効になってしまうからです。お分かりになりますでしょうか。少し考えれば明らかだと思いますが、いまの社会ではすでに「誰のものでもないもの」はほとんど存在しません。空気や水のようなものはそう見なされるかもしれませんが、いまでは「水」も立派な所有物のひとつになっています。また、仮にそのような「誰のものでもないもの」だけを使ってものを作るとしても、その資源に限りがあることは明白で、誰もが勝手に使っていいと考えることはできないといわざるをえません。

つまり、ロックの但し書きを額面通りに理解すれば、私的所有権は成立しないのです。それゆえ、ロックの思想に追随しようとする人たちは、この但し書きをどのように解釈すべきかで頭を悩ませました。追随者たちにとっては幸いなことに、ロックの文章は解釈の幅を許すような微妙な書き方になっていて、この条件はまったく無効だと考える人もいれば、限定的に適用される弱い条件にすぎないと見なす人もいます。これはいまなお専門家の間で言い争いをしているものですので、これ以上立ち入ることはやめておきます。しかし、ほぼすべての論者がロックの但し書きを額面通りに理解する道を回避する方向で議論を展開しているということは見ておいてもいいかもしれません。つまり、みな何とか私的所有権を正当化しようと努めているわけです。この一点を見るだけでも、私的所有権といわれるものの基盤が、少なくともその論理において、いかに脆弱なものに依っているかということが理解できると思います。

「囲い込み」の正当化

ただ、これだけだといかにもロックが牽強付会《けんきょうふかい》な議論で無理に話を作ったように思われるでしょうから、もう少しだけロックの議論に寄り添った話をしておきましょう。そうすることで、いまの社会がどういう論理で成立しているかをより詳細に見ることもできるはずです。

ロックが「誰のものでもないもの」がいつでも人々に十分に残されると考えることができたのには実は訳がありました。その当時は実際にそうだったというのがひとつの大きな理由でしょうが、同時にロックはある程度きちんとした理屈をちゃんと考えていました。少し追ってみます。

まず、大前提として私的所有権というのはロックにとって自然状態における人間の権利と考えられていたわけですから、人間の「自然本性」に則ったものと見なされていました。つまり、人間の自然的な欲求の範囲を超えて無際限に所有が拡張されることは原則としてないというのが議論の出発点になっているのでした。身体を使った労働ということについてもロックがイメージしているのは主に農業で、人は食べきれないほどのものを作って腐らせてしまうようなことはふつうしないとロックは考えていたのです。土地の所有についても「草が刈りとられぬうちに枯れたり、植えた果実が取り入れや貯蔵をする前に腐ったとすれば、この土地は荒廃地と見なされ、ほかの誰が所有してもよい」とロックはいっています。何にも使われない土地がフェンスで囲まれ所有が宣言される現代とは隔世の感があります。ロックにおいて人が私的所有できる範囲は、少なくとも出発点においては、人間がその自然本性に則って使用できるものにとどまると考えられていたのです。

確かにロックの議論がもしそこにとどまるものであったなら、人間が私的に所有できるものの量はたかがしれているわけで、現代の社会のように「誰のものでもないもの」がほとんど存在しないような状態にもならなかったでしょう。だとすれば、先ほど見たロックの議論にはどこにも矛盾はないことになります。しかし幸か不幸か、ロックはなお議論を続け、後にアダム・スミスが成立させる古典派経済学の枠組みとなるものまで準備しました。これをロックの天才と見ていいのかどうか筆者にはよく分かりません。続きを見ましょう。

いま見たようにロックは土地は使われないと意味がないと考えたので、同じ論理を逆に辿って、誰のものでもなかった土地を柵で囲い込み、それを自分の土地だと宣言することを何も問題がない、というよりもむしろ、よいことだと考えました。いわゆる「囲い込み」と呼ばれる行為がここで正当化されます。生産物を「自分のもの」とできるのであれば人は気張って土地を耕します。土地はこうして使われることで生産性が上がるのですから、それが誰のものでもなかったときよりも多くの価値を生み出せることになるでしょう。こうして社会全体の富の総量は増えることになるはずです。

ただしかし、「誰のものでもないもの」が誰かのものになることで、「自分の土地」を囲い込みたくても囲い込めない人は出てこないのでしょうか。この点、ロックは問題ないと考えていたようです。何しろロックの時代には「世界にはなお現在の二倍の住民に十分なほどの土地があるのだから」、まったく大丈夫と考えられていました（『統治二論』。以下、引用は既存の翻訳を参考にしつつ、適宜訳し直しました）。そのすぐ後にヨーロッパの人口が爆発的に増えはじめ、三〇〇年で七倍になるなどロックの想像の外にあったことでした。しかし実際のところ、その産業の発展と人口の増加も、他ならぬロックの思想に少なからず負うものだったと考えることができます。というのも、ロックの議論にはさらに続きがあるからです。

交換を介した他者の生産物の私的所有

土地を私的に所有して使用することが、人がその自然に即して生きる範囲にとどまるものであったならば、ロックのいうように資源の枯渇は起こらなかったかもしれません。そこでは必要以上の土地を囲い込んで「自分の土地」だと宣言する意味はほとんどないと考えられます。しかしロックは私的所有の原理を、当人の生産物だけでなく、他者の生産物にも及ぶものと考えました。人は単に、自分が作ったものを「自分のもの」とするだけでなく、他人が作ったものを「自分のもの」とすることができるというわけです。これはある意味「当たり前」のことです。実際にわれわれがやっていることですが、人は自分の畑でとれたものをすべて自分で消費するのではなく、「余ったもの」をしばしば他人の所有物と交換します。自分の身体を使って得たものが「自分のもの」であるならば、それを交換することによって得た他人の生産物もまた「自分のもの」であるはずです。ですのでロックがいうことも、特に何ということもなく受け入れられると思われるかもしれません。

しかし、それでもここには重要な理論的な「前進」があると考える必要があります。というのも、この私的所有原理の拡張によって人は、間接的にではありますが、他人の身体に関わることができるようになっているからです。そこで人は、自分の身体を使ってできる範囲を超えたものを所有できることになります。

作ったものを「腐らないもの」、つまり「貨幣」と交換することで人は、自分が使用できる範囲を超えるものを私的に所有することができます。貨幣は腐らず、他人の生産物と交換できることが約束されます。だとすれば、人は可能な限りたくさんの量の貨幣を保有しようとすることになるでしょう。囲い込まれる土地もまた、他人の労働を貨幣によって自由に購入できるとすれば、ひとりの人間が自然に使用する範囲を超えて、可能な限り広いものが求められるようになるはずです。

こうして土地の囲い込み合戦のようなものが繰り広げられ、後の経済学において「資本の原始的蓄積」と呼ばれる事態が発生することになりました。土地は人がそこから利益を得られる資本なわけですから、先を争って可能な限り多くを求められ、「誰のものでもないもの」であるような土地は早々になくなってしまいます。ロックが最初に思い描いたような牧歌的な私的所有の原景は、こうして人々に遠く忘れ去られることになったのです。

名誉革命以後のイギリス

ロックが描いた近代社会の構図は、名誉革命後のイギリスが進むべき方向を示しました。

そもそもロックは、名誉革命の立役者となるホイッグ党を創設した初代シャフツベリ伯爵のブレーンとして活躍した人物でした。哲学者としてももちろん有名ですが、政治や経済の分野でも多くの業績を残しています。イギリスにおける利子論争では、利子率に関する自由放任論を展開して議論の一翼を担いました。

名誉革命が起きたときには、反逆罪に問われて亡命していたシャフツベリに付き従ってオランダにいましたが、革命が実現するとすぐにイギリスに戻り、精力的な活動を展開しています。その中で書かれたのが件《くだん》の社会契約論でした。その私的所有を核とした近代社会の構想は、イギリスにおいて自由経済政策を推し進めたホイッグ党の理論的支柱となったのです。

ロックの議論をもとにアダム・スミスによって展開され、デイヴィッド・リカードが体系化した理論が今日まで連なる経済学の原型になりました。「古典派経済学」と呼ばれる経済学が一九世紀に果たした社会的機能については、次の章で詳しく見ることにしましょう。ここではまず、ロックの描いた「社会」の像が資本主義的な社会システムの成立へと繋がっていったことを展望するにとどめます。

ルソーの立ち位置

私的所有を核とする近代社会の構想に明確な反旗を翻したのが、ジャン＝ジャック・ルソーでした。同じく社会契約論を展開し、革命を介して近代社会の形成に実際に影響力をもったルソーですが、その議論は明示的にロックを敵と認定したものでした。舞台は絶対王政下のフランス、一足先に近代化したイギリスが急速に経済発展を進める中で、当時のフランスの知識階級はロックの思想を取り入れようとしていました。そこに燦然と脚光を浴びて登場したのがルソーだったのです。

ルソーはジュネーヴに生まれた時計職人の子どもで、生誕直後に母を亡くし、丁稚に出された彫金職人のもとから遁走し、一時期は市民権すら失っていた人でした。一五歳でヴァラン夫人に拾われ、愛人として寵愛を受けた後に捨てられますが、その間、持ち前の情熱でほとんどとりつかれたように教養を促成します。パリに出てディドロと知り合いフランスの啓蒙思想家と交わりますが、貴族・ブルジョワ富裕層の教養の壁はルソーの成功への野心を妨げました。

しかし一七五〇年、三八歳のときにディジョンのアカデミーの懸賞論文に当選すると、ルソーは一躍スターへの道を駆け上ります。「学問と芸術の復興は習俗の純化に寄与したか」という懸賞論文の問いに対してルソーは、「否。学問と芸術は習俗を腐敗させた」と答えてみせました。理性的な分別は人為的な技巧であって、真理は感性の誠実さに宿る。その主張は、ルソーの生き方をそのまま表すものだったということができるでしょう。つまり、人類を啓蒙し理性の光で照らすことは欺瞞のはじまりでしかないという主張は、啓蒙主義者たちの中にあって感じていたルソーの孤独をそのまま示すものだったのです。「この地で私は、人々に理解されないゆえに異邦人なのだ」というのが、ルソーがこの懸賞論文のエピグラフに添えた一節でした。

ルソーの「誠実さ」の問題

ただ、ここでいわれるルソーの「誠実さ」というものが、それ自体、非常にやっかいなものであったことは先に確認しておいた方がよいかと思います。ルソーはその情熱において、いつでも掛け値のない情感の交流を求めました。ルソーの書くものには、ほとんど無条件的に人を感動させるものがあります。そしてその感動が、まさにルソーが主張する「真理」にほかならないと読者は感じるのです。

しかしながら、ルソーの「誠実さ」があくまで心情に立脚するものであることが、問題を引き起こします。それは、論理的な一貫性とは別な次元にあるものと見なされるからです。

実際ルソーはその主張において、そしてその生き方において、様々な矛盾を抱えていた人でした。ヴァラン夫人の庇護を受けるためにプロテスタントからカトリックに改宗し、その後再びジュネーヴ市民になるためにプロテスタントに再改宗するというのはまだ軽い方です。それは社会的な制約の問題であって、ルソーの思想の内実に関わるものではないといえるからです。

しかし、ルソーの矛盾は、ある意味でルソーにとって本質的なものとして、彼が真摯で情熱的な主張をしていた事柄にも見出されます。例えばルソーは、子どもの本性に即した教育を提唱し、その美しい理念で近代教育学に大きな影響を与えました。しかし他方で、身の回りの世話をしたテレーズとの間の子ども五人を認知せず、何の経済的な援助も与えませんでした。また、親しい友人であったディドロや、フランスを追われて困窮するルソーを助けようとしたヒュームを根拠なく疑い、猜疑に満ちた絶縁状を一方的に送りつけるということもやっています。ほかにも、オペラ『村の占師』で評判を取る前、まだ十分な音楽的教養を身につけていなかったときに純粋な見栄で作曲を引き受けて盗作に手を染めたことを自ら告白する（『告白』）など、ルソーの矛盾は他にも挙げようと思えば様々に挙げられるでしょう。

　問題にしたいのはしかし、ルソー個人がいかに酷い人間だったかということではありません。問題なのはむしろ、愚かとさえいえる数々の過ちにおいて、ルソーの「誠実さ」が説得力を失わず、その純粋さを増しているという点です。人間的な弱さの赤裸々な告白は、そこで掛け値ない「誠実さ」を示すものと見なされるのです。『エミール』という著作の中で有名な「サヴォア助任司祭の信仰告白」の一節を引用しておきます。「私はただ、単純な心のままに考えていることをあなたにむかって述べます。私の話を聞いている間、あなたはどうかあなたの心の声に耳をかたむけてください。私があなたにお願いするのはそれだけです。たとえ私がまちがっているとしても、それは善意による間違いなのであって、私の誤りは罪にはならないのです」。

　掛け値のない「善意」において行われる悪という問題は、たいへん不幸なことに、単にルソー個人の人生において彼自身を苦しめただけでなく、ルソーに影響を受けて展開された様々な運動の中で繰り返される悲劇の原型となりました。後に詳しく見ますが、ロベスピエールによるフランス革命もそうですし、共産主義革命もまた少なくともある側面においては不可避的に悪に転じる要素をもっていました。ルソー個人についていえば、晩年の孤独と繰り返される自己弁護の中で果たしてどれほどの救いがあったかと思わざるをえません。

しかしまだ、それらの事柄を結論付けるには準備が足りていないようです。もう少し丁寧にルソーの議論を追っていくことにしましょう。まずはルソーがロックに抗して、どのような近代社会の理想像を描き出したのかを見たいと思います。

ルソーの社会契約論

ルソーの社会契約論もまた、一貫して「文明の偽り」を糾弾するものでした。その標的となったのはロックでした。ルソーによれば、人間が本来享受していたはずの自然状態の幸福は、土地を囲い込んで私的所有を訴える人間が出てきたために失われたといわれます。ロックが自然状態における人間の権利と見なした私的所有権を、ルソーはそれこそがまさに不幸の原因だと糾弾したのです。これほど明確な宣戦布告はありません。社会における不平等の源泉としてロックの私的所有は否定されます。

では、ルソーはどのような社会を描くのでしょう。単に自然状態に戻れとはさすがのルソーもいえません。完全ではないにせよ自然状態の幸福に近づけるような社会契約が求められます。しかし、その社会契約は少々特殊なものです。三つのステップに分けて説明します。
（1）社会契約をしてルソーが示す共同体の一員になろうとする者はまず、自らの財産のすべてを全面的に譲渡しなければならないといわれます。
これらの譲渡は共同体の全員に求められ、かつその人がもつすべての財産の放棄が必要とされます。つまり、ルソーの社会契約では最初に全面的な私的所有の放棄が求められます。この点においてロックが描く社会像とは完全に対立するものであるということを強く確認しておきましょう。読者の中にはこのことから直ちに、ルソーというのは共産主義だったのかと思われる方もあるでしょうが、それほど単純ではありません。確かに資本主義的ではないかもしれませんが、ルソーの社会契約論はそれでもなお、民主主義のひとつの原型となるものだからです。
（2）全面的な譲渡が完了した後に求められるのは、共同体のそれぞれの成員が、「人民の一般意志」と呼ばれるものを自分の意志にするということです。
これは少し分かりにくいところですが、まずはみんなで決めたことには従うと約束をすることだと考えてください。「意志」という言葉が使われているので、実際にはもう少し強いことが求められているのですが、入り口としてはそんなところで結構です。ここで一般意志というのは選挙によって明らかになるものといわれるのですが、それは自分が別なものに投票していたとしても、一度決まってしまえば決まったことこそが自分の意志だといわなければならないことを意味します。「意志」ですので、自分は本当は反対だったのにとか、嫌々従うことは認められません。そうやって一つの同じ意志を共有するのが理想的な共同体だとルソーはいうわけです。

（3）そして、この約束ができた人は（1）のステップで投げ出した自分の財産のすべてを元通り手元に戻してよいということになります。

これがルソーの社会契約の面白いところで、社会契約のすべてのステップを辿り終わると結局、プラスマイナスゼロで誰も損しなかったということになります。財産の没収は単に覚悟の問題で、これから一緒に共同体を作るにあたって最初にみなが同じ条件で丸裸になる覚悟だけを問題とするものだったというわけですね。

しかし、財産の増減がないとはいえ、（2）のステップにおいて、みなで同じひとつの意志を共有することが実現しています。逆にいえば、（2）のステップがクリアできない人は、（3）の財産の返還まで辿り着けないわけです。その場合には財産は没収されたまま、返ってきません。また（3）まで辿り着いたということは、（2）の一般意志を自分の意志にする約束をしたということですから、その人には共同体のルールに従うことを要求していいことになるわけです。わずか三つのステップではありますが、この過程を経ることで各人は自分の利益だけを考えるのではなく、共同体全体を考えることが求められます。社会を作るにあたって、そうした約束を織り込むところに、ルソーの社会契約論の特徴があるのです。

ロックとルソーの違い（1）：平等

では、ルソーの社会契約論が描く社会は、ロックのものとどう違うのでしょうか。私的所有を否定しているように見えますが、ルソーにおいても最終的に個人所有は認められていますので、実はそう変わらない可能性もあります。

しかしやはり、そうではありません。「社会」を支える基本的な理念において、ロックとルソーはまったく異なるものを考えています。「自由」そして「平等」という理念がそうです。これらは、同じ言葉で語られるものでありながら、ロックとルソーでまったく異なる意味をもっています。それらは実際互いに相容れないものなのですが、われわれの社会においては場合に応じて使い分けられます。それらの意味の混同こそが、社会的な不和の原因となってきたとさえいいうるほどです。まずは「平等」の方から見ていきましょう。

「法の下の平等」というのは、憲法にも謳われる近代の社会システムの柱のひとつです。

が、この言葉に与えたロックとルソーの意味はまったく異なっていました。

そもそも「自然状態における人間の平等」ということを最初にいったのはホッブズでした。思想史的には少し議論が必要なところですが、ロックがホッブズを起点に「平等」ということを考えているのは議論の構成、言い回し等から明らかだと思います。

面白いのは、ホッブズが使っている「平等」という言葉の意味です。ホッブズは明確に、人間の能力なんてたかが知れているという意味で「人間はイコール（＝平等）だ」といっているのでした。ロックもそれに倣って「何人も他人より以上のものはもたない」という言い方をしています。お分かりになりますでしょうか。ホッブズやロックのいう「平等」は、まずは端的に「人間なんて大差ない」というものだったのでした。もちろん、王は特別だ（＝神から統治権を与えられている）と考えられていた社会でこういうことをいうのはなかなかリスクがあったはずで、ホッブズの言い方は実は戦略的だったのかもしれないと考えることはできますが。

ホッブズの議論では社会契約をする際に自然権を譲渡するものであったのに対して、ロックの社会契約論は、自然状態のあり方を社会のルールを設定する際の範型と見るものでした。そうして「平等」が、「大差ない」という事実の認定から進んで「同じスタートラインに立つ」という意味で解されるようになります。人間は王でも貴族でも結局作りは同じというところから出発して「平等」という概念が「門地・差別の禁止」という法律的な表現を得ることになったわけです。つまり、生まれや出自によって人間を差別しちゃいけませんよというのが、ロックにおける「平等」ということになるわけです。

よく知られていることですので、いまさらという感じもしますが、重要なのはルソーとの対比です。ロックのいう「平等」は「作りは同じ」というスタートラインの「平等」を示しているので、結果の不平等は特に問題になりません。いわゆる「機会の平等」と「結果の平等」の違いといわれるものです。ロックの「平等」には「結果の平等」は含まれていないのでした。

それに対してルソーの「平等」には、必要に応じて結果の不平等を調整すべきという考え方が含まれています。先ほどの話では、社会契約の前後で、個々人の財産の増減はないといいました。しかし、最初のステップで各人の財産の放棄が承認されているわけですから、最後のステップで各人に戻される財産の量は「一般意志」に従って調整される可能性があるともルソーはいいます。人はだれも自分に必要なものを手に入れる権利をもちますが、その所有が別の誰かの生を制限するところまで無際限に拡張されてはならないとルソーは考えます。だからルソーは、社会契約における最後のステップ、つまり、一度投げ出された財を再配分するにあたって、共同体の成員に不当な偏りが生じないよう配慮することが求められると考えたのでした。今日の法学で認められる「結果の平等」という考え方は、ルソーの社会契約論から導かれるものだったのです。

「平等」という言葉は同じですが、ロックとルソーではまったく異なる意味をもちます。両者はそもそも構想において異なる「社会」を考えているのですから、その違いはある意味で当たり前です。ロックの考えに従えば、人間の能力の差は「たかが知れている」ので、結果として生じる貧富の差は、その人がどれだけ頑張ったかを示すことになるでしょう。だとすれば、共同体を維持するために払うべき税金も、必要最小限に止められるべきで、そのお金が「頑張らなかった人」にまで与えられるのはおかしいと考えられることになります。いわゆる「小さな政府」論と呼ばれるものが、そこから出てくることになるわけです。

それに対してルソーの「平等」は、著しい貧富の格差を是正し、政府が回収した税金を「一般意志」の決定に即して再配分することを含意します。ルソーの社会契約論でも完全な結果の平等、つまり各人が何をしても同じような配分を得るとまでは考えられていませんが、それでも全体を鑑みた不平等の是正が行われます。ロックとルソーの「社会」の構想は、このように異なる「平等」の概念を基礎にして鋭利な対立を含むものになっているわけです。対立する二つの「平等」概念は、しかし、われわれが生きる「この社会」では、同じ制度のもとで時に応じて使い分けられるものになっているのでした。

ロックとルソーの違い（2）：自由

「自由」という概念もまた同様に、二人の思想家においてまったく異なる事柄が指し示されています。これについては先にルソーから見ましょう。

「自由」というと、ふつう好き勝手にやっていいということが先に考えられると思います。しかし、誰もが自分のことだけを考えて利己的に振る舞えば、世の中は無秩序になってしまうでしょう。ロックによる私的所有の社会では、まさにそうなるとルソーは考えました。それゆえ、ルソーは「自由」ということについて、単なる好き勝手とは違う意味を与えようとしたのです。

しかし、中世から近代にかけての変化のうねりはロックに限らず「自由」という概念を大きな柱にするものでしたので、ルソーもまた「自由」を認めないわけにはいきませんでした。むしろルソーは誰にもまして「自由」を重んじた思想家だったということができます。ルソーが望んだのは、「自由」だからこそ人が他人と協力し合えるような「社会」だったのです。つまり、ルソーによれば「真の自由」とは、共同体の一員として法を忠実に守り、そのことで他者と協力し合うことを意味するとされました。

法を守ることが「自由」だというのは、奇妙な話に聞こえるかもしれません。しかし、実はこのような意味での「自由」は、カントなどの思想家にも引き継がれ、それ以降の「自由」の考え方のひとつの典型になっています。それでも奇妙といえばやはり奇妙なことかもしれませんので、簡単に解説しましょう。

ルソーにおいて「自由」は、他人によらず自分で決めること、つまり「自律」を意味します。自分で自分を律するということです。時々の欲望に左右される人間は、その欲望によって動かされていることになるので「自由」とはいえません。「真の自由」が実現するためには、自分が自分だけで決めることが必要とされるのでした。

そしていま、共同体の一員になった人間は、先ほど見たように、人民の一般意志を自分の意志にした者と見なされます。つまり、人民の一般意志によって制定される法に従うことは、自分の意志に従うことにほかならないと考えられるのです。しかもそのときの自分とは、勝手気ままに振る舞う特殊な個人ではなく、すべての共同体の成員が分かち持つ自分です。広く共同体全体に通用するような「自分」に従って行為すること、つまりは共同体の法に従うことこそが「真の自由」だといわれるのは、およそこのような理屈によるのでした。

では、ロックにおける「自由」はどうでしょうか。実は細かいところをいえば、ロック本人がいう「自由」は、ロックを肯定的に受け継いだ人々（例えばアダム・スミスやジョン＝スチュアート・ミル、あるいはすぐ後に見るアイザイヤ・バーリンなど）が「ロックに由来する」と考える「自由」とは異なります。専門研究としてはそのあたりはあまり単純化したくないところではあるのですが、しかし、ここで問題なのはやはり、歴史的に見てロックの思想がどのような影響を与えたのかということになります。ですので、「ロックの自由」と呼ぶべきものの中身は、ロック本人のものと異なるとしても、「ロックの自由」として受け継がれてきたものを指すことにします。

この点、アイザイヤ・バーリンの議論が非常に明快ですので、それを参照しておきましょう。バーリンによれば「自由」といわれるものの中身は二種類あり、しばしばそれが混同されてきたといわれます。すなわち、「積極的自由（〜への自由）」と「消極的自由（〜からの自由）」と呼ばれるものです。この区別自体、それなりに有名なものですので、どこかでお聞きになったこともあるかもしれません。

「積極的自由（〜への自由）」というのは、まさにルソーがいうような「自由」です。何かの規範へと自分を当てはめることこそが「真の自由」なのだという考え方は、結局「自由」といいながら人間を規範に拘束してしまう、というのがバーリンの批判のポイントでした。

時代がずれているのでちょっと分かりづらいのですが、バーリンが直接批判の対象としているのは、三章で見るような「ニュー・リベラリズム」の潮流です。ニュー・リベラリズムの思想家は、イギリスにおいてルソーやカントなどをあらためて取り入れ、「新しい自由主義」を作ろうとした人々でした。

バーリンは、そのような積極的自由はダメで、「消極的自由（～からの自由）」を考えなければならないといいます。「消極的自由（～からの自由）」というのは、何らかの束縛から人間を解放するような「自由」を指します。そしてそれがロック以来、近代社会の中で真に重要な意味をもって機能してきたのだとバーリンはいうわけです。

例えば、「言論の自由」を考えてみてください。言論の自由とは、誰でも何でもいっていいということで、典型的な消極的自由です。どんなことでも「変なことをいうな」と外から何かいわれる筋合いはないということで「～からの自由」になっているわけですね。これはジョン＝スチュアート・ミルの『自由論』がもとになっていて、誰も絶対的な真理を語りえない以上、どのような言説も否定されるべきではないという議論で正当化されました。馬鹿げているように見える話でも一縷《いちる》の真理の可能性があるわけだから、発言の機会自体が奪われてはならないというわけです。

われわれが生きる「この社会」では、「言論の自由に対する弾圧だ！」と叫べば無条件に正しいことをいっているように聞こえますが、ここにも少しダウトを入れておきましょう。「言論の自由」を否定しようというわけではありませんが、しかし、純粋に論理的に考えてミルの議論には無理があります。というのも、ミルの議論は明確に、誰も真理は知りえないという不可知論を前提にしていますが、これは無条件に正しいといえるものではないからです。また、仮にその前提を認めるにしても、人々に常に「より正しいこと」をいおうという意志が欠けていれば「何をいってもいい」という「自由」は単なる無秩序に陥る可能性もあるでしょう。「言論の自由」がもしまだ知らぬ真理の可能性を担保するためにあるのだとすれば、少なくとも正しいことをいおうとする意志は要求されなければならないようにも思います。しかし、ロックに由来する「自由」は、そうした要求も排します。明らかな誤謬や思慮に欠ける言説であっても、その「自由」は外側からの介入を受けるべきではないというのです。

ともあれ、「自由」という言葉の意味においても、ロックとルソーの間には鋭い対立があることはご理解いただけたかと思います。「自由は大事」といわれますが、そこで意味されるものは前提となる思想的な背景に応じて異なります。どちらの「自由」がどのような根拠で認められるべきかということは、本当はその都度きちんと検討されなければならないことですが、スローガンで終わることがほとんどです。しかし、ロックとルソーが異なる「社会」を構想し、対立する二つの「自由」を考えているとすれば、同じ言葉を使いながらまったく違う立場に立っている可能性もあるわけです。「自由」も「平等」も共に「この社会」の基礎となる重要な理念ですが、ロックとルソーどちらの意味で理解するかでまったく違う社会像が結ばれることに注意する必要があります。

フランス革命とルソー

最後に、ルソーの思想が実際の社会の形成にどのような影響を与えたのかを見ておきましょう。ロックの思想が名誉革命後のイギリスの産業社会の発展を支えたのに対して、ルソーはフランス革命に直接的な影響を与えました。ここまでの議論を見て本書が、ロックの議論に対しては若干辛めで、対するルソーをある種の理想のように書いていると思われたかもしれません。しかし、そうではありません。単純にロックをルソーに代えるのではすまないということが、われわれが生きる「この社会」の隘路《あいろ》を作ってきたのでした。人々を魅了するルソーの理想はむしろ、どう見ても「悪」としかいえない結果を繰り返しもたらしました。その端緒を示すものとして、フランス革命の帰趨《きすう》を見ておきます。

「ルソーの著作から読み取った理想に常に忠実でありたい」という若き日の宣言のもとにフランスにおける最初の共和制の成立を主導したのがロベスピエールでした。

啓蒙思想が徐々に浸透する中、深刻な経済危機に陥っていた王政下のフランスでは、民衆を中心に大きな不満が溜まっていました。加えて、ラキ火山噴火によるヨーロッパ全土の日照不足が農作物の不作を深刻化させます。そうした危機に際して国王や議会は増税しか対応策を見出せず、業を煮やした市民の代表者たちは独自に国民議会を招集しました。いわゆる「球戯場の誓い」と呼ばれるものです。

最初の国民議会は立憲君主制によって既存の王制との調停を模索しますが、国外逃亡を図って失敗する国王への失望、旧来の秩序の崩壊に危機を感じた周辺諸国との戦争の勃発などによって、次第に急進派の発言力が増大していきます。その中で頭角を現していったのがロベスピエールでした。

当時のフランスは深刻な食糧不足に陥っており、困窮した市民が統治者を殺害し食料を奪うという事件が起きていました。事件を起こした市民への処分が取り沙汰される中でロベスピエールは敢然と市民の味方につきます。その「誠実さ」を見ていただくために、少し長いですが、ロベスピエールの演説を引用しておきましょう。

社会の第一の目的とは何でしょうか。それは、時効によって消滅することのない人間の諸権利を維持することです。それらの諸権利のうちで第一のものは何でしょうか。それは生きる権利です。したがって、社会の第一の法は、社会の全構成員に生存手段を保障する法であり、その他の法は、すべてこの法に従属するといわなければなりません。所有が制度化され保障されるのは、ただその生存権を強固にするためであるにすぎません。人が財産をもつのは、まず、生きるためなのです。〔中略〕同胞の命を犠牲にしておこなう商業投機はすべて、決して取引などではなく、略奪であり同胞殺しなのです。

(『生存に関するロベスピエールの意見』)

ロベスピエールのルソー主義とその真摯さがよく表れている演説だと思います。ここでは明確に私的所有権の制限が主張されていることが分かるでしょう。人間が生きることが社会の目的なのだから、略奪という間違ったかたちをとったとはいえ、食料を奪った市民たちには同情すべきである。生存権を脅かすような「商業投機」は、それが「私的所有権」に根ざしたものであったとしても認められない。そのような場合には私的所有権は制限され、持たざる者に再配分される必要がある、というわけです。

立憲君主制を打ち出した一七九一年のフランス最初の憲法は、選挙権を納税者に限定する制限選挙を定めるものでした。ロベスピエールはこれに反対し、すべての人民に平等な選挙権をもとめる普通選挙を主張します。そしてそれは実際、第一共和政発足時、一七九三年の憲法において世界で初めて実現しました。「権利の平等」を徹底するロベスピエールの情熱は、われわれが生きるいまの社会のひとつの基礎を実際に作り出したのです。

恐怖政治への突入

しかしながら、その「掛け値なき善意」に基づくロベスピエールの情熱は、その徹底において、歴史に残る未曾有の悲惨を引き起こすことになりました。

民衆の喝采を浴びながらロベスピエールは、政敵を次々にギロチン台へと送ります。一七九三年には革命裁判所が設置され、公安委員会が作られてまずはジロンド派の議員一九名が粛清されました。「ジロンド派の女王」と呼ばれたロラン夫人は処刑に際して「ああ自由よ、汝の名においていかに多くの罪が犯されたことか」と叫んだとされます。公安委員会が糾弾する人々の数はその後も増加の一途を辿り、最終的に粛清の範囲は同じ山岳派の盟友ダントンにまで及びました。裁判では、ダントンの雄弁に押された法廷がダントンに退廷を命じ、欠席裁判で死刑を宣告したといいます。やがて裁判自体が簡略化されて死刑が略式で成立するようになるとわずか四七日間で一三七六名が断頭台に送られたといいますので、ものすごい数です。

「テロリズム」という名前は、このロベスピエールの政治手法に与えられたものでした。

いまでは「テロ」というと、民主主義に対抗する勢力が行う非人道的な行為という意味で理解されることが多いでしょう。しかし、歴史上最初にその言葉が使われたのは、まさに民主主義が徹底される過程でのことでした。恐怖による支配は民主主義と無縁のようにイメージする人もいるかもしれませんが、そんなことはありません。歴史的に見ると民主主義から独裁が発生する事例はそれなりに多く見られます。ナチズムがまさにそうですし、民衆の熱狂がときに虐殺をも肯定する方向へ雪崩《なだれ》込むということは、知っておくべきことだと思います。

ロベスピエールの「独裁」も、純粋な民衆からの支持によるものでした。ロベスピエールが自前でもっていた政治的・経済的な基盤はそれほど強くありません。経済的には清貧を貫き、権力に乗じて私腹を肥やすこともロベスピエールはしませんでした。山岳派での彼の派閥も決して多いものではなく、ロベスピエールの「独裁」といわれるものは、ひとえに民衆の支持によるものだったのです。私利私欲を捨て「革命」の成就のために突き進んだ結果の「テロリズム」だったわけです。すべての人への平等な権利を求めた急進的な運動は結局、ロベスピエール自身を断頭台に送り、繰り返すまじき悲劇として歴史に刻まれることになったのです。

さて本章では、ロックとルソーの社会契約論とそれぞれの「社会」の構造を見てきました。両者が鋭く対立し、互いに排斥し合う関係にあることを確認できたと思います。偏りもあったかもしれませんが、できるだけ双方の利点と難点を等しく見ようと努めたつもりです。

実際、両者の対立は、どちらが優れているというだけではすまない問題をはらんでいます。二つの対立する思想が「この社会」の成立に関係しているわけですが、ひとつの社会にあってなおその対立は調停不能なものとして潜在しているのです。

われわれが生きる「この社会」の構造を正確に見定めるためには、それゆえ、この「ロック／ルソー」の思想の対立が、現在に至る歴史の中でどのような役割を演じてきたかを見る必要があります。近代社会の成立以後、「右／左」に分かれて展開された政治的・経済的進展を辿ることで、いまのわれわれが生きる「この社会」が歴史上どのような局面にあるのかが見えてくるはずです。次の章では、一八世紀から二一世紀にかけての近現代史の中で「ロック／ルソー」の対立が歴史の基軸になっていたことを確認できればと思います。

第二章　いまはどんな時代なのか
――「ロック／ルソー」で辿る近現代史

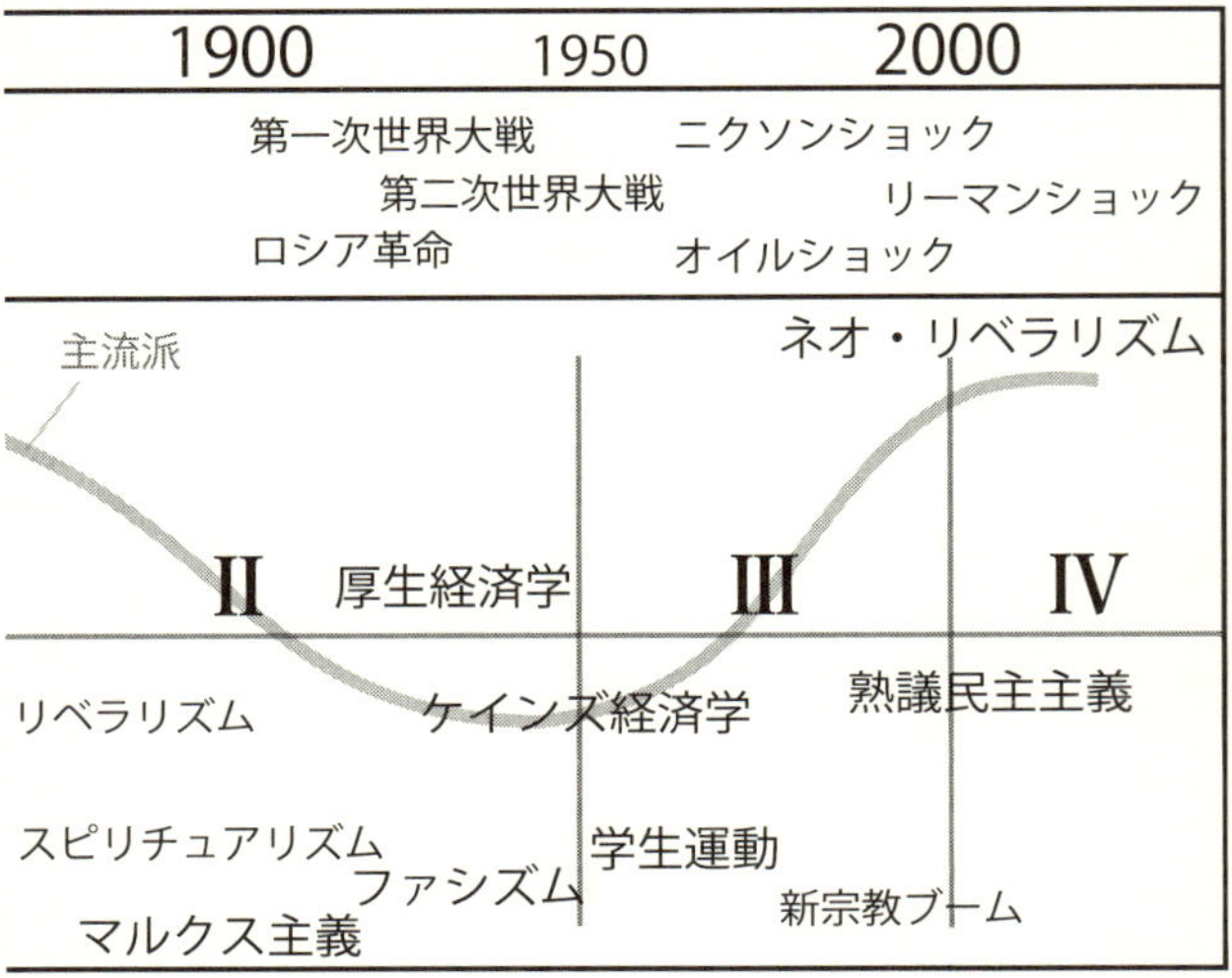

前章では近代社会を支えるロックとルソーの社会契約論が互いに鋭く対立し、異なる「社会」を構想するものであることを見ました。この章では、その対立の構図が、近現代の歴史の中でどのような影響を与えたのか、そして現在にどうつながっているのかを具体的に見ていきたいと思います。

「ロック／ルソー」の揺れ動きとしての近現代史

まずは最初に見取り図を提示しておきましょう。個別のことについて、それがどういった意味で「ロック」で、どの点が「ルソー」かということは後で順を追って説明します。「ロック／ルソー」という対立軸でどのような歴史として説明可能なものが

	自由	平等	政府	1800　1850
出来事				労働者階級の貧困化 経済成長・人口急増
ロック	消極的自由	機会の平等	小さな政府	古典派経済学 I
ルソー	積極的自由	結果の平等	大きな政府	ニュー・ 教養主義 ロマン主義

想定されているかをあらかじめご確認ください。ローマ数字は図中のそれぞれの時代のフェーズに対応しています。

（Ⅰ）一九世紀、急速に産業化が進んでいく中で、その理論的支柱となったのはロックを基礎に成立した古典派経済学でした。対してルソーは、ロマン主義文学に強い影響を与え、民族の血や真心といったもので通じ合う感性を育てます。教養を通じて洗練された感性を共有するという近代特有の知の階級制度は、そのロマン主義を源泉とするものでした。

（Ⅱ）しかし、資本主義の急速な発展が労働者階級の貧困をもたらすと、それまで主流だったロック的な社会の発展論に様々な角度から疑問が投げかけられるようになります。ニュー・リベラリズムやイギリス理想主義はその内部からの再検討でしたが、マルクス主義のように資本主義社会の転覆を目指すものもありました。また今日では端的に存在したこと自体が不幸と捉えられるファシズムも、少なくとも最初の段階では「(ルソー的な意味での)平等」を求めて資本主義社会を乗り越えようとするものでした。これらの運動の背景にルソー的な思考の枠組みが作用していたことを確認したいと思います。

(Ⅲ)第二次世界大戦後、アメリカを中心とした国際秩序が形成されますが、民主主義システムの世界への拡張が「平和主義」と「経済帝国主義」という二つの側面をもつこと、それがまさにロックとルソーの対立に対応することを見たいと思います。対立する二側面はともにアメリカの外交史の中で「モンロー主義の拡張」として位置づけられるものですが、一方は「リベラリズム」の、他方は「保守主義」の展開の中から出てきたものでした。「右/左」と「保守/リベラル」の対立との関係を整理しつつ、「戦後民主主義」における経済発展の歴史を振り返りたいと思います。

(Ⅳ)そして最後に、いまのわれわれが生きる「この社会」の構造を見ることになります。戦後民主主義における経済発展の中で共存してきたロックとルソーは、一九七〇年代ごろからはじまる構造的な不況の中で再び対立を先鋭化させていきました。労働者の賃金の上昇が経済発展を後押しする関係が崩れると企業は終身雇用制を廃して「構造改革」を実施しはじめます。そうして高い生産性を保たないと企業自体が存続できない状態になったのです。旧来の労働組合はそこで沈黙せざるをえませんでした。一九八〇年代以降のネオ・リベラリズムの台頭は、そうして「リベラリズムの保守化」を浮き彫りにしていきます。戦後民主主義の体制を維持しようとする旧来型の「リベラリズム」が既得権益を守る側に回って「保守的」になったのと同時に、「リベラリズム」の中でも「経済改革」に取り組む一派は急速に「保守派」へ接近していったのです。この二重の意味での「リベラリズムの保守化」を、ロックとルソーの対立の歴史的な流れの中で見直すとき、われわれが生きる「この社会」がいま、どのような局面を迎えているかが見えてくるはずです。

以上、ごくごく簡単に見取り図だけをお示ししました。ですが、もちろん詳しく説明しないと分からないところも多々あるかと思います。以下、紙幅の限りはありますが、少しずつ細かいところを見ていきましょう。

フェーズI：ロック

ロックの私的所有権が古典派経済学の基礎になったことは第一章で簡単に確認しました。ロックにおける私的所有権は、誰のものでもないものを誰でも十分に使えることを条件に成立するものでした。しかし、より多く所有することが、資本としてさらに多くの財を手に入れるための手段となると「誰のものでもないもの」は急速に社会からなくなっていきました。

しかし、そうやって各人が好き勝手に自分の財を増やそうとして、社会はうまく成り立つのでしょうか。他人の財は略奪しないということをルールとするにしても、各人が自分のことだけしか考えないような社会は、ごく素朴に考えて、社会としてよいモデルではないようにも思います。それまでキリスト教の枠組みで守られてきた伝統的な道徳もまた、新しく「社会」を契約するときのルールの外に置かれるとすれば、ロック的な社会では善悪の判断の基準がなくなってしまうようにも思われます。

「そうではない」ということを示してみせたのが「経済学」の理論でした。古典派経済学の祖とされるアダム・スミスは、あまりよく知られてはいませんが、道徳哲学者だったのです。スミスは、近代社会における道徳の可能性を考える過程で「経済学」を体系化しました。「経済」という言葉でわれわれは、単にいま現在成立しているものを想定するだけのことが多いと思われますが、その本質を考える上で経済学と道徳論の繋がりはどれだけ強調してもしきれないほど重要な意味をもちます。が、残念ながらこの点について詳しく掘り下げることはできません。拙著で恐縮ですが、『「経済」の哲学』（せりか書房、二〇一三）をお読みください。

分かりやすくいえば、スミスの議論（道徳論＝経済学）とは、各人を可能な限り「自由」な状態にすることで、社会全体の「道徳」を実現するというものでした。この場合の「自由」というのは、もちろんロック的な意味での「自由」です。あらゆる束縛から逃れて各人が「自由」に振る舞うことで「道徳」も保障されるし、社会の発展の基礎にもなるというのがスミスの主張するところだったのです。しかし、なぜそんなことがいえるのでしょう。ここでは議論の枠組みだけ簡単に見ておきます。

アダム・スミスの道徳論

ロック以降のイギリスおよびスコットランドの哲学の関心は、ロックが構想するような近代社会において、どうやって道徳を語りうるかということに向けられました。実際のところ、その当時（かつまた部分的には現代においても色濃く）キリスト教は人々の生活の中に残っています。しかし、何が道徳的に正しく、何が間違っているかという判断を、単に「聖書にそう書かれているから」という理由だけで説明することは、次第にできなくなっていきました。「神」に頼らずにどうやって道徳を語りうるのか。アダム・スミスがその系譜に属するスコットランド学派は、「共感」という概念によって、その問題を解決しようとしたのでした。

「共感」という概念に関しては、それなりにバラエティに富んだ議論があるのですが、ここではスミスの議論だけを見ます。スミスにおける「共感」が他の哲学者とも違って特殊だったのは、共感することそれ自身を「快楽」と考えた点にありました。後の功利主義にも通じる快楽主義の立場ですが、共感を快楽とすることでスミスは、ある種の「道徳」を導くことに成功するのです（『道徳感情論』）。

考えてみてください。苦しみであっても、他者の感情に共感することが快楽だとすれば、人はより多く、たくさんの人と共感しようとするでしょう。だとすれば人は、自らの快楽を求めて、自然に多数の共感を得られる行動をとるようになると予想できます。たくさんの人に認められることをすれば多く共感することができますし、共感されることにもなるはずです。そうすることで本人もより多くの快楽を得られるとスミスはいうわけです。アダム・スミスによれば、そうやって人は、より多くの共感をもとめることで自然に、偏りのない「公平な観察者」の立場に立つように方向付けられます。いわゆる「道徳的な振る舞い」といわれるものは、そのように他者の広い共感を求める各人の欲求から自然に導かれるというのがスミスの議論だったのでした。このような「道徳」の機能は、実際に現代のわれわれの社会でしばしば見られるものでもありますし、スミスの話に「共感」する読者も少なくないでしょう。

さてしかし、このような「道徳」が、実際に望ましいかどうかについてはなお議論のありうるところです。具体的に、どのようなものが公平な観察者の立場から認められるのかを考えてみましょう。スミスの議論は、よりたくさんの人に認められるほど、たくさんの快楽を得られるという構造を示しています。が、具体的にどのような行為が、多くの人に認められるのかは、いっていません。いい／悪いがどうやって決まるかという話をしているわけですから、アダム・スミス自身が具体的な行為を挙げて「これがいい」といってしまったら、そのこと自体、本当に「公平な観察者」の立場から認められるのか、あらためて議論しなければならなくなるわけですね。だから、スミスとしては、その部分を明記せず、オープンにしておくということが自分の議論の説得性を高めるためにも必要なことになっているわけです。

しかし、まさに内容についてはオープンであるということが、問題にもなりえます。「公平な観察者」と聞いて多くの人がイメージするのは、道徳的に品行方正な立場であるかもしれません。しかし、スミスの議論で、道徳が道徳として機能するために必要なことは、単に「それが一般的であること」だけです。ですので、例えば、一時期の流行でみなその気になるようなものについても、「道徳」として機能することが十分にありうるのでした。しかも、その可能性をスミス自身がきちんと指摘しているのが面白いところです。

つまり、何が正しいか間違っているかの基準は、スミスの議論では、それが「流行っているかどうか」でもいいといわれているのです。「みんなそう思っている」ということが、世の中の唯一の善悪の基準になるとスミスはいうのです。興味深いことに、このことは、単にスミスの理論でそういわれているという以上に、いまわれわれが生きている社会の現実の少なくともひとつを示しているのではないでしょうか。

しかし、スミスの話が本当に面白いのはこの先です。スミスのこの「道徳」の議論が、まさに今日われわれが知っている経済学の基礎になっているというのが興味深い点です。しかも十分にひねりが効いていることには、この道徳論と経済学の繋がりは「みんなそうやって騙されている」という欺瞞論によって支えられているのです。「ビッグ・ウェーブ」には乗ることが「正義」だし、それが経済発展の基礎にもなっている。だけど、結局のところそれって「みんな騙されている」ということなのだけどね、とスミスはいっているのです。これはどういうことでしょうか。

アダム・スミスによれば、流行に左右される善悪の基準は絶対ではありえません。そもそも絶対に正しいなんてことは誰にもいえないのだとスミスはいいます。人間というのは時々の流行に騙されながら、その都度その都度、自分がよかれと思うことをするので精一杯だというわけです。「哲学者」（スミスは悪い意味で使っています）は、騙されないように流行の外に立とうとしますが、だからといって彼に「絶対に正しいこと」が分かるわけでもないだろう、と。社会における善悪が実際に「流行」で決まっているとするならば、人間にできるのはそれに騙されることでしかないのではないか。むしろ、人がそうやって騙されることで、社会は実際に発展するし「道徳」も一応は成立する。人間の本性はそうしてわれわれ自身を騙しつつ、世の中を発展させていくものなのだというのがスミスの議論だったのです。そこでも、誰も真理は知りえないという「不可知論」がこの議論の前提になっていることが分かります。真理を探究する「哲学者」などいらないというわけです。

経済学の原理として有名な「見えざる手」という言葉は、この欺瞞論の文脈で出てきます。各人は「自由」であり、好き勝手に振る舞いますが、それで社会がバラバラになるわけではない。人々はまさに「自由」であることで、自らの快楽を求めて流行に騙されます。それは必ずしも各人にとっていい結果をもたらすものではないものの、社会全体で見ると「神の見えざる手」が働いているかのように、道徳的規範と経済的発展を実現するとスミスはいっていたのでした。これ以上ないくらい皮肉の効いた「経済社会」の描写を、経済学の創始者と呼ばれる人が示しているというのが面白いと思いませんか。

「経済学」の成立

この論理が実際の経済学になるためには、ほんの少し歩みを進めれば十分です。スミスの経済学は分業制による社会全体の産業の発展を説いたことで古典派経済学の基礎を築きました。が、まさにその分業論が道徳論の応用と見なしうるのです。どういうことでしょうか。まずは分業とは何かということを確認するところからはじめましょう。

資本主義の発展の基礎というと、機械化という技術的な要素が挙げられる場合が多いと思います。産業の効率化、生産性の向上、大量生産・大量消費といった資本主義体制の基礎として機械化が重要な要素であったことは間違いありません。しかし、スミスがいうように、分業制は機械化をまたずに生産性を大きく向上させます。実際、資本主義の初期段階においては、機械を使わない手工業でも分業を導入するだけで飛躍的な生産性の向上を実現できたのでした。

手工業においてさえ生産性を向上できるというのは、しかし考えてみると奇妙な話です。というのも、ひとつの商品を作るのに必要な工程が変わらないのであれば、ひとりの職人がすべての工程に携わっても、複数の労働者で工程を分担しても、必要な作業は基本的に変わらないはずだからです。ひとつの商品を作るために、A・B・C・Dという四つの工程が必要だったとして、四人の職人を雇って「4(A+B+C+D)」としても、四人の労働者を雇って「4A＋4B＋4C＋4D」としても得られる生産量は変わらないように思われます。しかし、実際には四人の「労働者」を雇って分業させる方が生産量を飛躍的に上げることができます。これはなぜでしょう。

スミスは『国富論』の中でいくつかの要素を挙げて分業の利点を説明していますが、最も重要と思われるのは「スキマ時間の消去」です。つまり、職人に作業をやらせると、AからBへと作業を移行する際、あるいはひとつの作業をする中でさえ「余計なこと」をしてしまうというわけです。何も職人が怠惰だというわけではありません。すべての工程に携わる職人は、商品の出来栄えに一種の自負や責任を感じます。となると、職人が熱心であればあるほど、ひとつの作業をする中でさえ常に「全体」のことを意識し、「その後」のことを考えて試行錯誤する時間が発生することになります。しかし、同じものを大量に生産するという観点からすると、この職人の努力は端的にいって無駄です。同じように技術を磨くとしても、全体のことを考えて試行錯誤するより、Aという作業に特化しその繰り返しの中で習熟する方が、大きく生産性の向上に寄与します。商品自体の改善は、またそれを専門に考える人を雇えばいい話です。こうして「余計なこと」を省くことで個々の労働者は作業に専念する時間が増え、結果として全体の生産性が上がるというのが分業の仕組みだったのでした。

スミスは、これを社会全体へと応用しました。社会分業論というものです。それぞれの人がそれぞれに世界全体の成り行きを慮《おもんぱか》るようなことはする必要ない。それは端的にいって無駄なことだ。それよりも、各人が目の前の自分の仕事のことだけを考える方が結果的に社会全体の富の総量を増やすという議論です。

ここに道徳論と同じ不可知論の前提があることにお気づきでしょうか。道徳論では、誰も絶対正しいことなど知りえないから、その都度その都度、自分がよかれと思うことをするしかないということがいわれていました。人は時々の流行に左右されながら、何が善いか悪いかを決めるわけですが、そうやって人々が騙されることが結果的に社会を発展させるというのがスミスの道徳論だったのです。

各人が目の前の仕事のことだけを考えることによって生産性が向上すると説く社会分業論においても構図は同じです。自分の仕事の「本当の価値」のようなものを知るためには、世の中全体の行く末まで考え、その中で自分の仕事を位置づける必要があります。しかし、そのような「哲学者」の視点に立っても、結局のところ目の前の仕事の手をとめることにしかならないというわけです。

そんな「哲学者」にならずとも、それぞれの人の仕事の価値はさしあたっては「お金」の量によって示されます。それは「流行」に左右されるものではありますが、実際のところ、その基準以外に物事の「価値」を測るものはありません。

各人がそれぞれ、自分にとって「これが絶対的な価値だ」と思うことはまったくもって自由ですが、しかし、そのような個人的な判断は、全員に適用される価値基準とはなりえません。スミスにおける「道徳」がそうだったのとまったく同じで、「何が正しいか」「何に価値があるか」という判断は、それが「一般的であること」のみに求められるのです。

これがまさにいまのわれわれが生きている経済の原理であることは、もうお分かりかと思います。分業によって生産性の向上をはかる資本主義の社会は、物事の価値の判断を「市場」という匿名のものに預けることを本質とするということができます。それは結局のところ「騙されること」でしかないかもしれません。そうして市場に価値基準を預けて生きることが各人に実際に幸せをもたらすかどうかは分かりません。しかし、アダム・スミスによれば、人間とはそういうものなのだそうです。そうやって人々が騙されることで「見えざる手」が働き、結果として社会全体での富の総量が増大するというのが、スミスの道徳論であり経済学だったというわけです。

「自由」の実現：自由競争

ところで、スミスが構想する「道徳的」な経済社会が実現するためには、人々はできるだけ「自由」である必要があります。人々がよりよく「騙される」ためには、やるべきことを外部から押し付けられるのではなく、各人が自分自身の欲望に従うということが重要なことだからです。できるだけ多くの「共感」を得るために行動し、たくさんの「お金」を得るために働くことは、すべて自分のためになるわけですから、人々が「自由」であるほどよりよい結果をもたらすことが期待できるはずです。社会の発展にとって人々が「自由」であることが重要な意味をもつと考える立場は、「自由主義」として資本主義社会の発展を後押しすることになりました。「人間は自由である」という言葉は、そこでは何よりもまず経済的な発展を期するものとして理解されます。それはまさに経済学の原理として、実際の政策に応用されたのです。われわれのいまを理解するために、もう少し歴史の話をしましょう。

一九世紀初頭のイギリスではヨーロッパからの穀物の輸入が増え、国内の農業を保護する目的で穀物法が制定されました。これはいわゆる「保護貿易」と呼ばれるものです。いまでもそうですが、この保護貿易に対置されるのが「自由貿易」です。一九世紀初頭のイギリスで保護貿易的な政策が採られた背景には、市場の拡大に対する危機感がありました。イギリスの国外で生産された穀物が国内に輸入されるようになると価格競争により穀物価格が下落します。市場の拡大は、イギリス経済にとって不利な結果を生むと考えられたのでした。

しかし、自由主義者にとっては、これはよくない政策と見なされました。社会の発展のためには、「市場」の規模を狭めるのではなく、むしろ拡大していかなければならないというのが自由主義の理念でした。それは「アダム・スミス主義」と呼びうるひとつの思想的な立場だったわけですが、しかし、少なくとも一九世紀のイギリスでは、その思想に基づいて実際に社会が動かされたのです。

地主や貴族階級の要請によって制定された穀物法は、産業資本家に支えられたホイッグ党を中心とする自由主義の勢力によって廃止に追い込まれます。結果、国外からの輸入が増えて実際に穀物価格が下落しました。が、しかし、それは予想に反してイギリスの農業の衰退をもたらしませんでした。穀物法の廃止によって、イギリスの農業は衰退するどころか生産性を向上させる結果となったのです。

そこでの「生産性の向上」は、農業における分業制の徹底によるものでした。市場の拡大による国内産業の危機は、生産構造自体の資本主義化によって乗り越えられたのです。その「良し悪し」の判断は保留しますが、「思想」によって描かれた青写真が、社会的に実現していく過程をここに見ることができます。市場を開放することで分業化が進み結果的に生産性が上がって競争力を獲得する。より「自由」であればあるほど生産性が高まることが歴史的に「証明」されたというわけです。

このような「自由」な競争による生産性向上の実現は、一九世紀において自由主義の輝かしい「勝利」を記すものと見なされました。今日でも繰り返される保護主義 対 自由主義の論争において、このことは自由主義の優位を示すものとして持ち出されます。自由主義の立場からすると、自由競争は無条件的に生産性を高めると考えられているようです。

ここでは、その是非を議論することはできませんが、ごく素朴に考えて、初期分業化によって実現された生産性の向上がその後も期待できるのかと疑問を呈することはできるかもしれません。自由主義者にいわせれば、競争によるイノベーションの実現によって、いつでも限界は突破されるということになるのだと思いますが、その「まだ到来せぬもの」に対する信頼は、どれほど確かなものでしょうか。そこにはなお、特定の思想的な前提があるように思われます。

「平等」の実現：奴隷解放

この時期に実現された「ロック的な社会」の構造について別な側面から見てみます。

一九世紀イギリスにおける自由主義は、ロック的な意味での「平等」の実現という点でも同様に「輝かしい勝利」を収めました。つまり、奴隷制廃止です。これは近代社会が成し遂げた大きな成果のひとつといってよいかと思います。しかし、それはなぜ歴史上、あえてこの時期に実現したのでしょうか。いまの社会を基準に考えると「当たり前が当たり前になってよかった。それが当たり前でなかった以前は大変だった」というところでほぼ思考がストップしてしまうことが多いように思います。しかし、そこでストップしてしまうと、われわれがいま生きている社会を手放しで認める以外のことができなくなってしまいます。それでもいいじゃないかと思われるかもしれませんが、もう少しお付き合いいただきたいところです。おそらくはあまり気づいていなかった視点を得られると思います。

近代の民主主義が古代ギリシアの都市国家をモデルにするものであることはよく知られていますが、古代ギリシアは奴隷制を基礎に成立していた社会でした。「自由人」が、平等な立場で広場に集まって国の行く末を議論できたのは、その「平等」に漏れる奴隷たちが労働に従事していたからでした。そこでは自由人は、いやしくも労働に手を染めるべきではないと考えられました。

各人の仕事で忙しく社会全体のことに関心を向ける時間的余裕などない現代のわれわれの状況を考えると、これはこれで考えさせられることではあります。労働者は果たして本当に「自由人」なのかという問題です。先に見たように、分業を基礎とする社会では、労働者は全体のことを考えて議論する必要などないといわれていたのならなおさらです。この点はここでは示唆するだけにとどめますが、ともあれ古代ギリシアにおいて「平等」だったのは、自由人たちの間のことであって、「平等」という概念は直ちにすべての人間の平等を意味するものではありませんでした。

近代がはじまってもしばらくは奴隷制が続きます。なぜそんな「野蛮」が認められていたのかと義憤にかられる向きもあろうかと思いますが、その当時は奴隷を「同じ人間」と考える思考回路が乏しかったというのが原因です。反対に、両者を積極的に区別する論理はありました。学問的権威としていまなお参照されるアリストテレスは、まさに古代ギリシアの人でしたが、「知性がある／ない」ということで自由人と奴隷とを区別したのでした（『政治学』）。知性をもって全体のことを考えられる自由人は「平等」ですが、そうでない者は別な本性をもつと考えられたのです。

近代の思想の特徴は、その「同じ人間」の範囲を広げたことにあります。先に見たようにロックの社会契約論では、貴族制を廃するために、自然状態における人間を「大差のないもの」と見なしました。つまり、そこではすでに、奴隷を別格のものとする論理もなくなっています。貴族と平民を区別するものがないとすれば、奴隷はなぜ別種の人間といえるのでしょうか。社会的な差異を規定するロジックがなくなりますので、実際の社会の運営上も奴隷の存在は矛盾したものと見られるようになるというわけです。

しかし、それほど事柄は簡単ではありません。何しろその当時、奴隷貿易は一大産業として定着しており、ある意味では経済の発展に欠かせないものになっていたのです。実際、憲法上の理念として近代社会が打ち立てられた後も一九世紀に至るまで、奴隷は増加し続けていきました。

奴隷廃止法成立に至る歴史的過程を見れば明らかですが、「人間はみな平等なはず」という理念に訴えて展開された奴隷廃止運動は、経済的な現実の前に何度も跳ね返されています。奴隷を使って生産された商品の不買運動などによって奴隷貿易に依存した経済構造からの脱却も図られましたが、失敗に終わりました。理念に基づいて「自由」な経済活動を制限することは、論理的な矛盾を含むものであっても容易には実現しなかったわけです。

アダム・スミスはしかし、この点にも切り込みました。何しろ彼の理論によれば、人は「自由」であるほど、社会全体の富の総量を増大させられるということだったのです。それは奴隷についても同様です。スミスは、まさに経済学上の問題として奴隷解放を訴え、理念的な矛盾がまさに経済的な不利益をもたらすことを示してみせました（『国富論』、『法学講義』）。

奴隷による労働は、労働者の労働に比べて高いコストを資本家に課すことになるとスミスは訴えます。奴隷の購入代金や維持費用を考えると、「自由」な労働者を雇い入れた方がずっと安くすむというわけです。また、奴隷は単に恐怖によってのみ動かされますが、労働者は自分の欲求に従って働きます。先に見たようにスミスによれば、まさにその欲求こそが結果的に本人を騙すものとされていたわけですが、それでも経済発展に「自由」は不可欠です。奴隷が「自由」になることは、生産性という観点から見て、大きな利点をもつとスミスは訴えたのでした。コスト的な側面を考えても生産性の向上という観点でも、自由労働者は奴隷に勝るというのが、スミスの主張だったのです。

それだけではありません。これはスミスの指摘から外れますが、労働者は奴隷に比べて消費者になるということも無視できない経済的メリットだと思われます。奴隷には賃金が発生しませんが、労働者は賃金をもらって物を買う主体となります。生活に必要なものを買う行為を介して労働者自身が「市場」の一部に組み込まれることになるわけです。こうして「市場」が広がることで、経済は全体としてより大きな発展を期せると考えられます。

このように奴隷を解放することが経済的に優位であると示されたことによって、ロック的な社会における「平等」が実現されました。それは間違いなく近代社会がなしえた「輝かしい功績」のひとつといえるでしょう。しかしながら、それは一般に考えられるほどには、人道主義的な側面だけで語りえるものではないと考える必要があります。というのも、奴隷解放を実現した自由主義者の「平等」は、決してすべての人を「同じ」に扱うものではなかったからです。

　奴隷廃止法を制定し、奴隷を労働者へと格上げさせたイギリスの自由主義者たちは、他方で労働者を有権者にすることには強硬に反対し続けました。「イギリスには二一歳以上の男子が六〇二万人いるうち、八四万人にしか選挙権が与えられていない」。一八三八年にはじまったチャーティスト運動は、こういって普通選挙を求めました。しかし、その運動は再三の法案の否決によって頓挫します。反対したのは、件の自由主義者たちでした。労働者は政治的な意思決定に参入すべきではないというのが自由主義者の考え方だったわけです。分業という制度が全体を考えず、目の前の仕事に注力せよと説くものであったことを考えると、この自由主義者の態度は一貫しているといえるかもしれません。労働者には「自由」と「平等」が与えられましたが、それらは古代ギリシアの「自由人」がもっていたものとは異なり、政治参加することなく唯々《いい》諾々《だくだく》と労働することを前提にしたものだったわけです。「自由」も「平等」も、ロック的な社会においては、経済的な基盤の上に成立する概念であることがお分かりになるかと思います。

「民主主義」という言葉もまた、この当時はまだ「衆愚政治」と同様の悪い意味に理解されていました。「デモクラシー」というのは、言葉の成り立ちとして「大衆による支配」を意味します。それは少なくとも一九世紀イギリスでは「多数者の暴政」を引き起こす可能性をもった政治形態と考えられていたのです。

実際、隣国フランスにおいてロベスピエールは、民衆の支持を得て「テロリズム」を行い、イギリスにとって大きなトラウマになっていました。また、ナポレオン三世による「独裁体制」を確立させたのも普通選挙が原因と考えられていました。アメリカ合衆国で実現した「民主主義」も、トクヴィルによるレポートにも見られるように、多数者による圧政を引き起こす可能性をもつものと警戒されていたのです（『アメリカの民主主義』第二巻第四部）。

「普通選挙」を求めたチャーティスト運動は、そうした文脈の中では、しばしば「私的所有権制度」自体に対する反対と受け取られました。それはロック的な社会の構想に反するものと受け取られたのです。イギリスの自由主義者たちが考える「社会」は、つまり、あくまでロック的な社会を意味するものでした。ロック的な社会における「自由」で「平等」な主体とは、勤勉な労働者として、政治参加することなく働き続ける人々です。政治的な意思決定に参加し、そこで決まったことを自分の行動指針とするようなルソー的な意味での「自由」、社会の成員の間で財産の再分配を行い、格差をなくそうとするルソー的な「平等」は、そこでは問題とされませんでした。それらは端的にいって、ロック的な社会とは別の社会を構想するものと見なされたのです。実際、チャーティストたちの一部はマルクス主義へと合流し、暴力的な手段で市民社会に「革命」を起こすことを目指す道をとりました。その展開はこの次のフェーズ（「フェーズⅡ：ルソー」）で見ることにして、まずは同時期のルソーの思想の社会的な影響を見ていきたいと思います。

フェーズⅠ：ルソー

ではそのころ、ルソーの思想は社会にどのような影響を与えていたのでしょうか。私的所有による不平等を乗り越えようとしたルソーの社会契約論は、ロベスピエールのフランス革命以外にも様々な社会改革運動に影響を与えました。啓蒙や文明は産業化をもたらしましたが、それは一面においてルソーのいうように、かつてあったはずの自然との調和を破壊し、人間たちの王国の中で大きな不平等をもたらすものと見なされました。産業化の波の負の側面を目の当たりにした人々にとって、ルソーの思想は「来るべき社会」の範型を与えるものになったのです。

それらはさしあたり単に「歴史上そのようなことがあった」程度のことのように思われ

るかもしれません。とくにロックと違ってルソーの思想の系譜は、いまの社会の成り立ちに直結するものというよりもむしろ、ロック的な社会に対する反発として、その時々の人々の心を捉えたものでした。ですので、読者によっては、ほとんど「共感」のポイントを見出せないと思われるものも少なくないと思います。しかしそれでも、そうした反発の繰り返しが、まさにいまのわれわれの社会のあり方を決定していることを見る必要があります。現在の社会は、それらの反発を受けた変容の中に見出されるからです。

「ロマン主義」と「教養主義」から見ていくことにしましょう。

ロマン主義

ルソーの著作がドイツに伝わると、ルソーは「ドイツ民族の統一」の礎をなすものと見なされました。

当時ドイツは宗教改革に端を発する戦争で疲弊し、ひとつの統一した国家というよりも諸侯がそれぞれの領地を統括する形態になっていました。かつて「神聖ローマ帝国」として何百年もの間、地域一帯がひとつの国家としてまとまっていたというのは昔の話で、当時のドイツの人々は政治的にも経済的にもそれぞれの地域に分断されていたわけです。

ルソーの思想は、すでに見たように、かつてあったはずの自然状態の幸福を取り戻すための社会契約を示すものでした。それはつまり一言でいえば、過去の理想を理想的な未来とする考え方だったわけです。ルソーの著作が、失われた「ドイツ民族の統一」を志す人々の心を揺り動かした理由はもうお分かりでしょう。ルソーの社会契約論は、ドイツでは、かつてあったはずの理想的な共同体を、新たに「近代社会」として取り戻すものと見なされたのです。

しかし、ドイツにおいてその影響は、フランス革命のような急進的な政治運動としてではなく、芸術運動として現れました。

いまの感覚からすると、芸術というのは個人のプライベートな領域の趣味のひとつにすぎないというのが大方の見方になるように思われます。一九世紀に大きな影響を与えた芸術といわれても「そういうのが好きな人もいる／いてもいい」という程度の認識で、基本的には「人それぞれ」という範疇で理解される傾向があります。読者がたまたまロマン主義芸術の愛好家だったならまだしも、とくに馴染みのない多くの読者にとっては、ドイツにおけるロマン主義の影響などといっても、骨董趣味のひとつのように受け取られかねないわけです。

しかし、その認識は誤っています。これは強くいいたいところです。まったくもって完全に間違いです。芸術作品の客観性云々《うんぬん》といった大仰な話をするつもりはありませんが、それらが歴史において実際に果たした役割を過小評価することはできません。いまの社会で芸術が趣味の領域に追いやられているからといって、歴史的に常にそうだったとは限らないのです。そしてとりわけロマン主義的な芸術は、感性の領域での交感を基礎に「理想的な社会」の実現を期するものでした。

例えば、いまでも子どもの教育の定番になっている「グリム童話」をご存知の方も多いと思います。「白雪姫」「ヘンゼルとグレーテル」「シンデレラ」などの物語です。これらの物語は単なる教育の枠を超えて、多くの人が知っていることを前提にできる共通の「知」になっているといえるでしょう。ドイツ地方に伝わっていた民話を集めてこれらの童話に再構成したのがロマン主義者のグリム兄弟でした。これは逆にいえば、グリム兄弟による再構成がなければ、いまのわれわれが「普遍的」とすら思っているような、これらの物語の共有はなかったということです。つまり、グリム童話の「普遍性」は歴史的に見るとそう古くはない時点での特定の人物の手によって作られたものであることになります。そしてグリム兄弟は、まさにそうした「普遍性」を作ることを明確に意図して、一連の作業を行ったのでした。そこにロマン主義芸術運動の企図があったのです。

ルソーがそうだったようにロマン主義においても、子どもはより「自然」に近い存在と見なされました。自然状態の幸福をいかにして取り戻すのかということが彼らの主題になります。かつて存在し、みなに共有された（はずの）民話を集め、感性のレベルで同じ物語を共有することは、自然状態に近い感性を基礎に理想的な共同体を作る上で重要なことと考えられたのです。ロマン主義的な芸術は、そうしてみなで「自然」へ帰り、「感性の共同体」を作ることを目的としたのでした。

そこで目指された「感性の共同体」は、実際にいまのわれわれの中に実現しています。「人それぞれ」といいながらわれわれは、特定の物語についてはしっかりと共有しているわけです。「ロマン主義芸術」と聞いて縁遠いと思われた読者でも「グリム童話」は知っているという人は多いのではないでしょうか。また、まったく同様の仕方で「日本の昔話」を子どものころに読み聞かせられた方もいらっしゃるでしょう。それらの物語はみな、実際に昔から読みつがれて残っているわけではありません。それらは近代社会が成立した後に特定の目的をもって収集され、広められたものだったのです。

近代の社会は「個人」を基礎にするものなので、基本的に何もなければ（というのはつまり、ロック的な社会の構想では）「人それぞれ」という方向に傾きます。「共感」を基礎に一般性を確保しようとする道筋をアダム・スミスとともに確認しましたが、その「一般性」は時間とともに移り変わることを余儀なくされるものでした。われわれが数世代にわたって「同じ物語」を共有できているのは、ほかならぬロマン主義の成果といっていいでしょう。そしてそれは明確に、ロック的な個人主義を超え、ルソー的な理想を実現するための運動として展開されたものだったのです。

「失われた自然」の仮構性

しかしなぜ、「ロマン主義」なのでしょうか。ルソーが著作の中で「ロマン的」という言葉を使っているのですが、それを芸術運動の理念として明確に表明したのはノヴァーリスです。シュレーゲルらと共に最初にロマン主義の理念を打ち立てたノヴァーリスは、「失われた自然」を取り戻すための方法として、芸術による「世界のロマン化」を唱えました。この「ロマン」という言葉は、かつて庶民が口にしていたといわれる「ロマンス語」に由来します。

ロマンス語というのは、ラテン語からヨーロッパの様々な地方に派生した「方言」です。日本語の方言もそうであるように、ロマンス語も違う地方の間でまったく意思疎通が不可能なほど多様化しました。「書き言葉」としてはラテン語があったので教育を受けたエリートはラテン語を使っていましたが、庶民はより「自然」に近いロマンス語を使っていたのです。

「普遍的な理性」を育むためにはラテン語で書かれた古典文学を読むことが重要とされま

すが、庶民の生活の中で紡ぎあげた「ロマンス語」にこそ真理があったとロマン主義は考えます。弘前弁の太宰治は詩人だったが、標準語で物を書くようになって小説家になったというのと同じ感覚ですね。ロマン主義は、エリート的な啓蒙よりも庶民の感性に合致するものに真理があると考えます。「世界のロマン化」というノヴァーリスのスローガンも、庶民の感性に立ち返り「失われた自然」を取り戻すことを目指したのです。

しかし、「ロマンス語」なる共通言語が実際に存在していたわけではなかったように、ロマン主義が描く「かつてあった（はずの）もの」は、常に仮想的であることをひとつの大きな特徴とします。「ロマンス語」という名称は、様々な方言を集めた集合体に付けられたものでしたので、そこに共通の実体のようなものは想定できません。太宰の弘前弁は実際に詩だったかもしれませんが、弘前弁ネイティブではない人間が、そこにこそ「日本人」が失った真理があると考えることには、やはりロマン主義的な倒錯があるといわざるをえません。そこでは「かつてあった（はずの）共同性」が「失われたもの」と想定されることではじめて成立しているのです。実際に存在したかは別の問題というのが、ロマン主義的感性の大きな特徴になっています。

「民族」の問題

それは「民族」と呼ばれるものについてまわる問題でもあります。先にドイツではルソーの著作が「ドイツ民族の統一」の礎をなすとされたといいました。「民族」というのは、そもそも非常に曖昧な概念ですが、何かそのようなものが実体としてあるような印象を受けます。「ドイツ民族」や「日本民族」などという言葉を使われると、そのような「民族」による共同体が存在すること、あるいは少なくともかつて存在したことが言外に示されているように見なされるのです。

しかし実際のところ、何をもって「同一の民族」と判断するかということに、客観的な基準を設定することはできません。DNA鑑定をすれば分かると思う方もいるかもしれませんが、まったくそんなことはありません。移民排斥運動を熱心に行っている白人至上主義者が自らの「白人性」を客観的に示そうとDNA鑑定をしたとき、自分が嫌っている人々の血が混ざっている結果を目にして「ユダヤの陰謀だ」と叫んだという笑えない笑い話もあります（実話のようです）。比較的容易にDNA鑑定ができるようになったことで人種差別主義者の間ではかえって「民族」を遺伝子の問題ではなく、文化の問題と考えるべきだという論調が強くなっているといわれています。

しかし、「文化」とは何でしょうか。「民族」を重視する立場からすると、文化こそが民族の実体性を支えるものと見なされます。文化は、人がその中に生まれ育つものであって、個人が簡単に選べるものではないという考え方がそこにあります。文化は「人それぞれ」ではない共同性を担保するものとして位置づけられるのです。

ロマン主義の中で「民族」が注目されるのも、まさにそのような「文化」の再構築という文脈があったからでした。ロック的な社会の進展にともなって、人々はそれぞれ自分の利益だけを考えるように分断されてしまいます。「人それぞれ」という論理が貫徹してしまえば、みなで社会を作る共同性の意識が失われてしまうでしょう。ロマン主義は、そうした危機意識をもとに、「かつてあった（はずの）共同体」を再興しようとするのです。「民族」として同じ「文化」を共有することが、ロック的な社会の個人主義を乗り越える手段と見なされるわけです。

しかし、このロマン主義的感性に基づく「民族主義」が、二〇世紀に入って非常に大きな問題を生み出しました。「ファシズム」の問題です。あとで詳しく見ますが、ロマン主義的感性はファシズムの運動を後押しする原動力となりました。しかしまだ、その前に見るべきものが残されています。ドイツにおけるロマン主義は、他方で「教養主義」へと展開していきました。ロック的な社会の乗り越えを図るルソー的な試みのひとつの大きな流れとして、「教養」なるものが果たした役割を見ておきましょう。

教養主義

同じ感性の共有によって文化的な共同体を構築するという試みは、ドイツにおいて「教養主義」へと受け継がれました。

「教養主義」というのは、かつてはよく知られたものでしたが、いまはもう説明抜きには通じないかもしれません。「教養」という言葉自体は、今日でもなおたびたび持ち出されます。しかし、その「教養」という言葉が、まさに「教養主義」の中で作られたものであることはあまり意識されていないように思われます。実際、「教養」には「リベラル・アーツ」というアメリカ経由のルーツも知られています。その源流は遡ろうと思えば古代ギリシア・ローマまで辿れるものですが、その時代のものが現代まで連なっているわけではありません。「リベラル・アーツ」と呼ばれるものもまた近代において再定立されているのですが、そこには教養主義の影響がありました。日本にとって輸入先が異なるので別系統に見えますが、今日「教養」と呼ばれるものの背景には、近代ドイツにおいて成立した「教養主義」の影響を見ることができるのです。

「教養」は英語でいうと「カルチャー」ですが、これは「文化」を意味する言葉でもあります。つまり、教養主義において「教養を身につける」ということは、文化を共有するこを意味するのでした。文化の共有による感性的な共同体の構築という点でロマン主義を継承していますが、「文化」をそこに生まれ育つものとしてではなく、「教養」として身につけるべきものとする点で両者は異なっています。教養主義においてカルチャーは、それを身につけることでひとつ上の文化共同体の一員になるためのものと位置づけられたのです。

ドイツで成立した教養主義での「教養＝文化」とは、例えば、ゲーテやドストエフスキー、ベートーヴェンなどです。それらは今日でもなお「教養」に数え入れられています。ゲーテはロマン主義から出発して教養小説の原点となった人ですし、ベートーヴェンはまさに教養主義の中で神格化された音楽家でした。いまの社会での教養主義の影響力はかなり減退しましたので、家庭でベートーヴェンを聞いて感性を養うなどということは、どこかの良家の子息令嬢に限られるイメージかもしれません。それはかつて日本で流行した教養主義の名残を確かに残したイメージだといえるでしょう。「大正教養主義」という言い方もされますが、教養主義が、大学生になったら身につけるべきものとして非常に大きな知的ムーヴメントになったのは、日本では大正時代のことだったのです。今日でも観光客相手に「大正ロマン」という言葉を使って「古き良き時代」をノスタルジックに語ることがありますが、それはまさに教養主義の根っこにあるロマン主義的感性に訴えるものだということができるかもしれません。いずれにせよ教養主義は、今日では「ハイカルチャー」として幾分か隔てられている感のある「文化」を「教養」として身につけることで、人々の間にひとつ上の階層の文化共同体の確立を目指すものだったのです。

教養主義において「教養＝文化（culture）」は「文明（civilisation）」と対比されます。その図式において「文明」は、産業の発展をもたらしたものの結局諸個人をバラバラに分断したものと見なされます。競争することによってしか他人と関わることができない「文明」を乗り越えるために「教養＝文化」を求めるというのが教養主義の目的となっているわけです。つまり、ここにも明確にロック的な社会を乗り越えようとする企図が設定されていることが分かります。教養主義とは、人間が失った「自然」を高いレベルの教養として再び取り戻すことを目指すものだったのです。ルソーにおいて「自由」とは、一般意志を自分自身の意志とすることにほかならないとされていましたが、教養主義における「自由」もまた「教養」を身につけることによってはじめて獲得されるものとされます。「自由」とはそこでは人々が好き勝手に行動することを意味するのではなく、感性的なレベルでの文化の共有をもとに共同体の一員として振る舞うことを意味するのでした。「教養を身につけること」は、目の前の仕事に追われるだけの労働者を超え、人々が真に「自由」な立場で文化的な共同体を構築するための手段と見なされたのです。

われわれが知る近代の大学のシステムは、この教養主義を理念として作られました。「大学」というのは、中世からある教育拠点ですが、中世の大学は今日われわれが知っている大学とは異なります。神学部と法学部が中心で後に医学部も加わりますが、基本的に中世の大学は社会における実務エリートを養成するための機関として社会的に位置づけられていました。いまの自然科学につながるような新しい「知」を探究していたのはむしろ「アカデミー」と呼ばれる組織で、今日のような「研究」は大学とは異なる機関で推進されたのです。

教養主義はしかし、この「大学」を今日のような先進的な研究と高度な教育の拠点として位置づけ直しました。近代の大学のシステムは一九世紀初頭に成立したドイツの大学をモデルに作られますが、そこで打ち出されたのが「研究を通じた教育」という理念でした。学問の最先端で研究する研究者がその最新の内容を学生と共有し、学生もまたその最先端の研究を通じて学んでいくというのがその理念の内実です。「ゼミ」として知られる教育方法、つまり「ゼミナール方式」は、教員と学生がともに研究することが同時に学生の教育にもなるという理念のもとに実施されました。これはいまでも大学で広く採用されている教育システムになっています。

この教育方法はすでに長い歴史をもっていますし、日本でも広く浸透していますので、これが「当たり前」で特に何の疑問ももたないかもしれません。しかし、それでもよく分からない部分があります。というのも、学生に研究させることがそのまま教育になるというのは、実はそれほど自明ではないと思われるからです。

大学は必ずしも「研究者」を養成するためのものではありませんから、教員の研究に学生を付き合わせることが、学生の必要に直結しているとはかぎりません。単に実務家を育てるためだけであれば、それ以前の大学がそうであったように、最先端の研究をともにするよりもむしろ、より広い範囲の高等教育を施した方がよいとも考えられます。実際例えば、経済学や法学、心理学などの専門分野の知識を高度なレベルで身につけるためにほかの分野の勉強はほとんどできないようなカリキュラムを組んでいる大学も多く見られます。学問の専門分化が進んでいる状況では、特定の学問分野の専門家として「一人前」になるためにやらなければならないことは、どんどん増えていく傾向にあります。理科系の専門ではその傾向が顕著で、学生が「教養科目」を履修する選択肢はほとんどなく、その分野の専門科目を勉強するだけで手一杯になるカリキュラムになっているわけです。卒業後企業に勤めるつもりの学生でも、研究レベルの高度な専門教育を受ける必要があるという理屈は、実際のところ、それほどうまく通っていないようにも思われるのです。

ただ、教養主義が近代大学を設立した当初の理念に照らせば、こうした問題はそもそも発生するはずのないものでした。というのも、教養主義の構想においては、大学教員の研究対象は「文化」で、学生が学ぶべきものは「教養」と位置づけられていたからです。「教養」と「文化」の同一性は、そこで「研究と教育の一致」を保証するものになっていました。教養主義の枠組みで考えれば、最先端の研究の対象とは、まさに最先端の「教養＝文化」です。教員が研究するのが最先端の「文化」であれば、学生が身につけるべきものもまた最先端の「教養」であるべきだというわけです。そこでは、学問の発展が、文化共同体の発展と考えられていたのでした。教員の研究対象である最先端の文化＝教養を学生がともに研究することは、学問＝文化を発展させるための推進力と考えられていたのです。

そうした枠組みで考えれば、望む人間すべてに大学教育を開放することとは、共同体の成長戦略のひとつに位置づけられることになるでしょう。大学教育を普及させることで、共同体の成員が一体となって「教養＝文化」を高めていくことを期待できるというわけです。今日でも「大学の無償化」が、少なくともある文脈では当たり前のように議論されるのも、こうした流れがあるからだといえます。それは、単なる福祉政策である以上に、ルソー的な意味での社会の発展のための手段と見なされます。「文化」を育成するために国家が積極的にお金を投入することとは、少なくとも教養主義の文脈では、ロック的な社会における人々の断絶を超え、感性の共有に根ざした高次の共同体を実現するための有用な方法と見なされるのです。

しかし、大学の現状はといえば、実際にはその理念からは乖離した状態になっています。そこには教養主義の「敗北」というべき歴史があるのですが、その経緯については次のフェーズ（「フェーズⅡ：ルソー」）で詳しく検討することにしましょう。

フェーズⅡ：ロック

労働者階級の貧困化と分業制

話をロックに戻します。ロックの思想に基づく自由主義の推進は、一九世紀のイギリスに莫大な経済的利益をもたらしました。この時期のイギリスの経済発展は突出しており、それらはロック的な意味での「自由」と「平等」を目指す自由主義の成果と見なされました。実際、奴隷は解放され、労働者は自らの「自由」において職を選択できるようになります。かつて人は生まれた土地に縛られ、地縁共同体の柵《しがらみ》に個人の欲求を抑えつけられてきました。しかし、いまや人は「自由」を獲得し、自らの能力に応じて「平等」の機会を与えられるに至ります。そこで獲得されたのは、ロック的な意味での「自由」と「平等」でした。自由主義者によれば、経済的発展は、そこに参加するすべての人間に利益をもたらすと考えられたのです。

しかし現実には、産業化の伸展に伴って、労働者はむしろ一部の奴隷よりも苛酷な貧困状態に陥りました。職業選択の「自由」と機会の「平等」は、それだけでは経済発展の恩恵をすべての人々に配分するものにはならなかったのです。

この当時のイギリスの労働者の状況については、エンゲルスが書いたレポートが有名です。その当時、主要な産業都市には多くの貧民街ができ、そこに住む労働者はたびたび餓死者も出るような劣悪な環境の中に置かれていました。労働者の子どもは早ければ四歳から働きに出され、十分な教育を受けられないまま、劣悪な環境で成人前に死亡することもしばしばだったといわれます。また一日の労働時間も一四時間を超え、解放される前の奴隷よりも苛酷な労働環境を強いられる者もいました。当時の労働運動の要求が、児童労働の制限（禁止ではない）、勉強をしなければならない年齢の子どもの労働時間は「一二時間」までにすることだったことを考えれば、若きエンゲルスのレポートをイデオロギー的に偏ったものと考える理由はありません（『イギリスの労働者階級の状態』）。

「自由」で「平等」なはずの労働者は、なぜそのような生活を強いられたのでしょうか。自由主義の論理で考える限り「嫌ならばそんなことはやめればいい」ようにも思われます。実際に機会の「平等」が保証されているならば、貧困は単に努力を怠った結果にすぎないのではないかとも思われます。

しかし、不可避的に貧困が発生した原因の少なくとも一部は、分業制そのものに含まれていました。分業とは、先に見たように作業を分担してみなで生産するということを意味します。しかし、それは同時に労働者一人では何もできない状況を生み出しました。

分かりやすくイメージするために「かつての職人」と対比してみましょう。職人は、ある商品を生産する際のすべての生産過程に携わることができました。そのための道具も自分で用意し、自らの作業の成果についていくらかの自負ももちえました。つまり、職人は自分のコントロールで価値を作り出し、その価値を自分で確認できる立場に立っていたわけです。

しかし労働者の場合はそうはいきません。分業制が浸透すると、高い手間賃をとる職人は仕事を失い、割り当てられた仕事をする労働者への転身を余儀なくされました。そこでは、大規模な生産システムの一部に組み込まれてはじめて賃金が得られる仕組みになったのです。生産手段は労働者が個人で制御できる範囲の外に置かれ、自分の仕事に対する価値は外から与えられるものになりました。

こういうと「いやなら別な職業に就けばいい」とか「自分で起業すれば問題は解決す

る」という人がいるかもしれません。しかし、この構造は、実際のところ、形式的にはどんな立場の人にも当てはまります。社会分業制が徹底された状況では、すべての労働の価値は市場の評価に委ねられるからです。そこでは自分の仕事の価値は、自分の手元の外側に預けられます。自分の労働の成果は、社会全体の生産システムの一部に組み込まれてはじめて「お金」になるわけです。

価値基準が自分のコントロールの外に置かれることなど極めて「当たり前」だと怒られるかもしれません。資本主義社会でなくても、人は他者の評価を得て生きているのであって、自分の思うように他人が評価してくれないなどというのは単なる甘えだという方もいらっしゃるでしょう。しかし、その価値基準で評価されなければ生きていくことすらできないというのは、やはりロック的社会の「自由」に本質的な不自由であると思われます。分業制のシステムに組み込まれた上で与えられる選択肢を選ぶ「自由」はあっても、それ以外の行動を選ぶ「自由」はないわけです。

実際、産業化が進み「誰のものでもないもの」が急速に失われた社会になって、われわれはお金を得ることでしか、生きていくことができなくなりました。われわれが生きる社会においてはそれが「当たり前」ですし、いまさら何をといわれる方も多いでしょう。しかし、ここで問題となっているのは「この社会」の構造を正確に見積もることです。単に

「この社会」で当たり前であることを当たり前と確認するだけでは、その問題点を見ることもできません。

実際、「お金を得られなければ生きていけない」という条件は、労働者の賃金が決定される際の決定的な非対称を生み出します。経済学の理論では、労働者は「労働力」という商品を売ることで賃金を獲得していると見なされます。自由経済においては基本的に交渉に制限はないと考えられるので、「労働力」という商品の交換は「自由」です。つまり、「嫌なら働かなければいい」というわけです。しかし、その取引にあたって、労働者の側には「働かなければ死ぬ」という条件がついています。労働者は、希望の値段で売れなければ交渉を中断するということができない状況で交渉しなければならないのです。だとすれば、権利的に対等であるべき取引の実際は、根本的に非対称なものにならざるをえません。「捨て値でも売らなければ生きていけない」という条件が一方についていれば、交渉相手はその足元を見て賃金を切り下げ、有利な条件で取引を進めることができるのです。

そして現に一九世紀イギリスの労働者の賃金は「最低限死なないだけのギリギリのライン」にまで引き下げられました。いまでは労働者の権利などの別な道具立てを獲得できているので、現在のわれわれにこの状況が直接当てはまるわけではありません。しかし重要なのは、そうした道具立てはロック的な社会の構想からは決して出てこなかったということとです。

自由主義者たちはむしろ、労働者の権利の獲得を妨害し続けました。例えば、団結禁止法の制定です。分業制が進展して労働が代替可能な細かいユニットに分割されると、労働者の賃金は引き下げられます。「お前の代わりはいくらでもいる」という状況で、労働者は条件が悪くても仕事を引き受けなければならない状態に置かれました。これに対抗するために労働者たちは寄り集まって賃金交渉をしはじめます。困難な条件の仕事は団結して引き受けないようにしようというわけです。こうした労働者たちの行動は、しかし、自由主義者たちの目には「自由競争」を阻害するものに映りました。本来、市場に委ねられるべき賃金価格が「不当な団結」によって歪められると考えられたのです。そこにはまさに自由主義者たちが考えるロック的な「社会」の理想があります。しかし、そうした自由主義の徹底が導いたのは、生きるか死ぬかギリギリのラインまで引き下げられた労働者の極端な貧困でした。一九世紀イギリスの労働者たちの貧困は、「自由」の徹底によって解消されるどころか、苛烈さを増していったのです。

ロック的な社会の進展に伴って顕在化してきた極端な貧困を前に、時代は様々な改革の運動を生み出していきます。件の団結権を含む労働者の権利をもたらしたのは、そうした労働運動の担い手たちでした。労働者の権利は、ロック的な社会の構想から出てくるものではなく、それに反対する人々の運動からもたらされました。自由主義者たちからは社会の転覆を企む「共産主義者」と罵られつつ、改革が推進されていったのです。それらの人々の一部は実際、革命を志すマルクス主義へ傾倒していきました。マルクス主義は、ロック的な社会の中でシステムを改善することは不可能と考え、新しく共産主義国家を作る必要があると考えました。ロック的な社会の乗り越えを目指したそれらの試みのそれぞれには、しかし、陰に陽にルソーの影響が見られます。ロックに対するルソーという構図が、そこでも一貫して歴史の対立軸をなしていたことを、様々な「社会改革」の運動とその失敗の中に見ていきたいと思います。

フェーズⅡ：ルソー

オウエンの社会改革とユートピア

イギリスでの社会改革の運動としてまず見るべきは、ロバート・オウエンの試みでしょう。ロバート・オウエンは、イギリスの産業革命の波に乗り、紡績工場の経営で大きな財をなした人でした。紡績機械の導入やアメリカの綿花の廉価な購入体制の確立などによって、綿工業は毛織物を抜いてイギリスの産業の中核になっていきます。オウエンはその産業勃興の中心に居合わせ、若くして莫大な財産を獲得しました。

産業資本家として大成したオウエンは、その経済力を背景にイギリスの労働環境の改善に取り組みます。オウエンの政治的努力は、児童労働の禁止へ向けられ、ほどなく一定の成果を得ます。綿工業の労働者に限定されるものでしたが、九歳未満の児童労働禁止、九歳から一六歳までの子どもの労働時間は一二時間までとする法案が、一八一九年という比較的早い段階で成立しました。この法律は、取り締まる機関が存在しなかったために事実上無視されたともいわれますが、それでも労働者の権利獲得の重要な最初の一歩となりました。

オウエンはまた、労働者の環境を改善するためには幼児教育が不可欠と考えました。そうしてオウエンはすぐに、子どもの本性を伸ばすことを目的とした学校を作っています。一八一六年のことです。これは幼児教育の先駆けとなっていて、ロマン主義を背景にドイツで世界初の幼稚園を作ったフレーベルの一八三七年に二〇年以上先立ちます。そしてその幼児教育の理念はフレーベルと同様、ルソーの影響を受けたものだったのです。

先に少し触れましたが、ルソーは『エミール』という著作で、子どもを可能な限り自然状態に近いかたちで教育しなければならないと訴えました。産業化によって失われた「自然」を取り戻すためには、もっとも「自然」に近い子どもをその「本性」に即して教育することが必要だとルソーは訴えたのです。そしてそうした教育こそが理想的な社会契約によってロック的な社会を乗り越えていくために必要不可欠なものと考えられました。

当時、子どもを早い段階で働き手にすることは、労働者にとってひとつの「合理的」な判断でした。全体のことを考えず目の前の仕事をこなすことこそが重要と見なされる分業社会ではなおさら、将来を考えて教育にコストをかけることに意味を見出すことは困難です。「教養」という理念がまだ存在しなかった一九世紀初頭のイギリスにおいて、労働者が自分の子どもを働かせることは、どうすれば多くの収入を得ることができるかという問題に対する経済合理的な判断だったのです。

そうした現状を前にオウエンは、労働者の子どもたちに対する幼児教育の必要性を訴えます。その訴えは、産業資本家としてイギリス経済を活性化させていくという視点を離れて、その先に理想的な共同体の実現を目指すものでした（『新社会観』）。人々が目の前の利害に左右されて生活する社会は、オウエンにとって望ましいものとは考えられません。子どもの本性に即した教育によってオウエンが目指したのは、利己的な考え方を捨て、何よりも共同体の利益を第一に生きる人間を育てることだったのです。個々人の幸福は、そこでは、その共同性の上にはじめて可能になると考えられました。オウエンの教育思想は、つまり、ロック的な社会における労働者の生産性の向上を目指すものではなく、その先の理想社会の実現を目指すものだったのです。オウエンのそうした考え方の根幹にはルソーからの強い影響がありました。

こうした理想にもとづいてオウエンはまず、イギリス社会を変えるべく情熱的に走り回ります。労働貧民救済委員会への報告書をまとめ、生産から消費までのすべてを全員で行うような共同体の構想を行政に提案します。その提案には「私的所有の廃止」までも含まれていましたので、いまから見ても、当時の政治状況を考えても、蛮勇としかいいようがないものだったように思われます。

実際、イギリスにおいてその主張はまったく受け入れられませんでした。当時イギリスの政治の中心にいた自由主義者たちは、オウエンの理想とは反対に、ロック的社会の実現に向けて奔走していました。そのとき彼らは、救貧政策費用を大幅に抑制するための「新救貧法」(一八三四年)を成立させる途上にあったのです。

新救貧法とは労働者の自助を促すためという名目で、在宅者へ支払っていた生活保護費をなくし、生活困窮者を施設に収容して、その生活レベルを最低の自活労働者よりも低いものに抑えると定めたものでした。当時のイギリスの自活労働者の生活レベルについては先に触れた通りですから、それよりも必ず低くしなければならないというのは、相当に苛酷な施設が構想されていたと思われます。ずさんな管理で結果として悲惨な状況になったというのではなく、そうなるように設計しろというのですから、なかなかにサディスティックな法案を通したものです。それまでキリスト教的な観点から救済の手が伸べられてきた救貧施設は、そこで自由主義の理念をもとに、苛酷な労働環境で働く労働者の「逃げ場」とならないよう厳しい管理下に置かれたのでした。

こうした状況でオウエンの提案が受け入れられるはずもありません。オウエンは、イギリス国内での改革を断念し、彼の理想とする社会を、新しく一から作ることを目指すようになります。綿工業で築いた財産を元手にアメリカの都市を丸ごと買い上げ、共鳴者と移り住んで理想的なコミュニティを新たに作ろうとしました。自給自足を原則に私的財産のない共産主義的な共同体を作ることがそこで目指されたのです。オウエンはそこで、まさにルソーが示したような人間の自然本性に即した生活ができると期待しました。

しかし、その試みは数年で挫折します。失敗の理由は様々に挙げられていますが、主要な原因は、共同体の内部で意見統一がはかれなかったことにあったようです。「平等」を原則としながらも事実上出資者の意見が反映される意思決定のプロセスの不明瞭さが、共同体内での対立を招いたともいわれています。つまり、共同体内部において「一般意志」の共有が徹底されなかったことが問題だったということができるでしょう。ルソーの構想では、社会を作ろうとする人々は契約に際して「一般意志」を自分の意志としなければならないといわれていました。また、ルソーにおいては契約は神聖なものとされるので、いったん締結されたら、個人的な理由で解消できるものではないといわれています。自分の意志が一般意志と一致しないから共同体を抜けるということは、ルソーの社会契約論では認められないことだったのです。

しかし、オウエンの試みにおいては、その「一般意志の共有」は徹底されませんでした。共同体運営の対立は対立者の「分村」を促し、共有財として購入された土地も結局、分割して「所有」されることになります。共産主義的な社会の構想は、分割された土地をそれぞれの分派が別個に所有するという事態を帰結しました。そうした状況にいたってオウエンは、理想郷の実現を断念し、財産の多くを失ってイギリスに帰ることになったのです。

この一般意志の共有の徹底という主題は、後に見るように、ルソー的な社会を作ろうとする試みの中で常に大きな問題になります。理念として考える限り、ルソーでは一般意志を自分自身の意志にすることは契約の条件なのですから、原理的に分派が成立することはないと想定されます。共同体内の様々な利害対立は、十分な議論によって解消され、最終的に民主主義的な投票によって共同体が進むべき方向が明らかになるとルソーは考えていたのです。

しかし、現実の社会運営においては、共同体内部での対立は大きな問題になります。同じ理念が共有されてもなお、具体的な政策や運営の場面で、対立はときに不可避となることもあるでしょう。オウエンの場合には、その対立が結局、共同体を解体するに至りました。しかしそれとは反対に、共同体を維持する目的で無理にでも「一般意志」を共有させる方法もありえます。議論が平行線を辿る中で反対派を一般意志の名のもとに「粛清」するような事例も後に見ることになります。一度締結された契約は神聖であって、共同体の成員はたとえ死んでも一般意志に服従すべしというルソーの理念を徹底させなければならないというわけです。さしあたりここでは、ルソー的な社会に内在するひとつの根源的な問題として提起するにとどめ、一旦オウエンに戻りたいと思います。

オウエンはその後、何度か同じような試みをしますが、その都度失敗してしまいます。最終的に行き着いた先は、当時流行していた「スピリチュアリズム（心霊主義）」でした。晩年のオウエンは、降霊術や骨相学、催眠術といったオカルト的なものへと傾倒していったのです。このようなオウエンのスピリチュアリズムは、しばしば社会運動からの撤退として否定的に語られます。若くして経済的な成功を遂げ、社会運動に挫折して辿り着いたものが結局オカルトだったというわけです。

しかし、オウエンは、単なる挫折の慰みとしてオカルトに逃避したのでしょうか。そうではなかったようにも思われます。というのも、ある意味でスピリチュアリズム自体が、少なくともこの時代、ひとつの「社会改革」の可能性を示していたと考えられるからです。この点はあるいは現代的な感性では容易に想像できないところかもしれませんので、少し立ち入って見てみたいと思います。

スピリチュアリズム

一九世紀のスピリチュアリズムの流行の発端は一八四八年にアメリカで起こったハイズヴィル事件だったとされます。その「事件」自体は、ラップ現象によって霊と交信できたというフォックス姉妹の特異な経験が見世物に発展したという比較的他愛のないものでした。彼女たちは「トランス」や「降霊術」というパフォーマンスの形式を発展させましたが、本人たちが嘘だったことを認めています。一九世紀のスピリチュアリズムは、まずはそうした、ある意味では取るに足りない一時的な流行のようなものだったのです。

しかし、スピリチュアリズムの流行は、火付け役が去った後も、ヨーロッパを巻き込む一つの大きな思想のうねりとなりました。その背景には、近代化にともなう従来の宗教的な言説の弱体化もあったでしょう。啓蒙によって理性のもつ力が広く人々のあいだに伝えられましたが、産業化の進展と同時に進む貧困の中で、理性では捉えられないものに真理を求める心性が強くなっていました。「オカルト」というのはラテン語で「隠されたもの」という意味ですが、それは当時、積極的に啓蒙主義を批判する言葉として使われました。隠されたものにこそ真理がある（／あってほしい）という感性が、端緒となった「事件」を超えて、来るべき未来を示すものと見なされたのです。

その感性の内実をもう少し立ち入って見てみます。

近代におけるスピリチュアリズムの源流のひとつはスウェーデンボリという名の霊能者に求められます。スウェーデンボリは、ルソーやカントと同じ時代、「天界」の様子を「遠隔透視」したということで有名な人でした。後世への影響も大きく、ゲーテ、ドストエフスキー、バルザック、ヘレン・ケラー、エマーソンなど多くの名前がその神秘思想の受容者として挙げられています。

ここでスウェーデンボリ自身の著作や彼に対する肯定的な評価をそのまま引用しても、現代の社会に生きている人にとっては何故そのような感性をもちうるのか逆に分かりづらいところかもしれません。ですので、ここでは同時代の批判者、哲学者のカントに登場してもらうことにしましょう。カントは『視霊者の夢』という本でスウェーデンボリの超常現象について理性主義の立場から極めて冷静な哲学的分析を加えました。超常現象を単なる「迷妄」と切り捨てず、理性で語りうるものの限界はどこかという問題で捉えているところにカントらしい知的誠実さがうかがわれます。つまりカントは、オカルト的な現象を単に「下らない」と切り捨てるのではなく、理性で知りうるものの限界を示す事例として扱っているのです。

啓蒙主義の文脈においてはもちろん、その「限界」は、誤謬に陥らないためにそれ以上立ち入ってはならないガイドラインを示すものと見なされます。合理的な議論をする上では、わけの分からないものに関わってはいけないというのが啓蒙主義的な理性の教訓でした。

しかし、時が下ってその「理性」が信じられなくなるに及んで、その同じ限界が反対に、その先にありうる「隠された真理」を暗示するものと見なされます。先に見たように、啓蒙主義の限界を超えたところにこそ真理があるというのがスピリチュアリズムの感性だったわけです。当時、科学者や哲学者など、合理的な思考を突き詰めたような人々が、その先にスピリチュアリズムに没入することが多くありました。それはまさに、スピリチュアリズムが理性の先を示すものだったからにほかなりません。

本書の文脈で取り上げたいのは、カントがその理性の限界の先にある「遠隔透視」の可能性を議論する際、ルソーの議論を援用しているという点です。スピリチュアリズムとルソーの接点は、一九世紀の社会運動において見出されるずっと前に、すでに同時代のカントによって看破されていたのでした。

カントによれば、人間は自分勝手に振る舞うだけでなく、他者のために動く利他的な側面をもっているといわれます。いかにも唐突ですが、この話はルソーを導入するための前段の議論になっています。人間を利己的な存在と見なすロック的な社会とは違う側面を人間はもっているというわけです。その上でカントは、人間がそのように他人のために動くことができるのは、自分自身の中に一般意志の働きを感じるからだと説明します。ルソーの社会契約論で見た第二のステップ、すなわち「一般意志を自分の意志にすること」がここで問題になっていることは、お分かりになりますね。自分の意志の中に一般意志が入り込んでいるからこそ、人間は他者を自分のことのように考えることができるのではないかとカントはいっているのです。

さて、ここからが問題です。カントはそのような一般意志の働きが、スウェーデンボリが実現したという「遠隔透視」の存在可能性を示しているのではないかというのです。自分自身の中に働く一般意志の作用は、ひょっとしたら人類が「霊的な共同体」としてあらかじめ共有しているものかもしれない。遠く離れた人のヴィジョンを共有できるのも、そもそも人々が同じ一般意志を共有しているからではないかというわけです。

もちろん理性主義の立場をとるカントが直ちにそれに同意するわけではありません。実際カント自身がどう考えていたのかについては、それなりに微妙な問題はあるのですが、さしあたりは単に理性の限界の先の議論として、そういうこともありうるといっているだけです。

しかしともあれ、ここでカントがルソーの社会契約論を、理性の限界の先にあるものを示す議論と見ていることが面白いところです。ルソーが描く理想の社会は、そこではスウェーデンボリが霊視したという「天界」と同じ位置を与えられているのです。ロック的な社会を超えて理想的な共同体を作ろうとするルソー的な試みとスピリチュアリズムとの接点が明確にそこに見出されます。

理性による啓蒙の果てに見出された不平等な産業社会を乗り越え、互いに慈しみ合いながら生きる理想的な共同体を作るために、一九世紀の社会運動家は理性の限界の先にあるユートピアを目指しました。スピリチュアリズムは、その中で理想の社会を夢見るルソー的な感性と強く共鳴します。それはオウエンに限らず、ロック的な社会に違和感を感じる人々の心を捉えました。そうした「隠されたもの」に真理を見出す感性は、一九世紀「フランケンシュタイン」や「ドラキュラ」を生み出したオカルト文学へと繋がっただけでなく、新宗教として「新しい世界」の創造を目指す動きへも連なります。そのような「理想の社会」を作ろうとする意志が、現実の社会の転覆を試みるテロに雪崩込んだ事例は、一九九〇年代のオウム真理教の事件まで実際にはそれほど多くはありません。しかしそれでも「この社会」の裏側に、いまに至るまで、ロック的な社会の理想に違和を覚えて「新しい世界」の到来を熱望する感性が潜在し続けていることは確かです。啓蒙的な理性が浸透した社会だからこそ宗教に真理が求められるという道筋は、カントが見たルソーの中にすでに記されていたことだったのです。

マルクス主義（1）：議会改革か革命か

しかし、ロック的な社会を乗り越え、「新しい社会」を作ろうとする試みの中で歴史上最も大きな力をもったのは、やはりマルクス主義でしょう。実際二〇世紀にはマルクスの思想に基づく共産主義国家が、資本主義に対して世界を二分する状況になりました。どんな政治的ポジションをとるにせよ、われわれが生きる「この社会」において、マルクス主義が重要な参照項であることは間違いありません。

マルクスはロック的な社会を実現した革命を不十分なものと考え、共産主義的な革命が不可欠と訴えました。市民革命は近代的な産業社会を実現しましたが、それは結局「市民＝ブルジョワ」のための革命だったとマルクスはいいます。労働者はその中で極度の貧困に喘ぎ、「自由」という名の不平等に苦しみました。真の「平等」を実現するためには、それゆえ、もう一度、「労働者革命」を起こさなければならないとマルクスは訴えたのです。

一般的に労働運動には二つの選択肢があります。ひとつはすでに成立している議会政治の枠組みを利用して労働者の権利を確保する方法、もうひとつは「革命」によって労働者を中心とした新しい社会を作る道です。

ロックとルソーの思想上の対立を考えれば、ロック的な市民社会とルソー的な意味での「平等」な社会は本来、原理的に相容れません。その同居不可能性の一端は、オウエンの社会改革の挫折にすでに見ました。オウエンのラディカルな提案は自由主義者たちの理念の前に弾かれ、オウエンは別な社会を新しく作ることを余儀なくされたのでした。その理念上の対立は、より一般的には「右／左」の間の対話の困難さに表れています。両者は、互いに異なる理念をもとに「別な社会」を作ろうとしているとさえいうことができるでしょう。彼らは、異なる思想的な前提に立った上で、同じ言葉を使い、異なる社会を思い描いているというわけです。

それゆえ、マルクスのように、理想的な社会を実現するためには革命しかないと考えることには一定の理屈があることになります。少なくともそれは、可能性として端的にありえないことではありません。何しろそれは、違う「社会」なわけですから。異なる社会を実現するために必ず革命が必要というわけではありませんが、マルクスは対立を先鋭化させるという方法で運動を進めていきました。そのとき直近の攻撃の矛先は、同じ労働運動の活動家に向けられます。マルクスは、議会政治の中で労働者の権利を獲得する運動に傾く人々を強く非難し、「新しい社会」を作るには革命しかないと訴えたのです。社会改革運動の盛り上がりは革命に向けて一本化されるべきで「労働者のブルジョワ化」を促すような運動は労働運動の死を意味するとマルクスは強く主張しました。労働運動の内部での「労働者階級」を先鋭化し、革命によって「新しい社会」を実現する方法をマルクスは選んだのです。

そうして実際二〇世紀、革命によって数々の共産主義国家が誕生しました。では、そうして誕生した「新しい社会」は、ロック的な社会よりも「よい」といえるものだったでしょうか。その点は考える必要があります。ルソー的な社会の実現の試みが生んだ悪夢については、すでにロベスピエールで見ました。マルクス主義による革命は、その例外となったのかどうか。もう少し立ち入って検討してみましょう。

マルクス主義（2）：理論と政治

実際マルクスは、同時期の他の社会運動家と比べて決定的に異なる特徴をもっていました。マルクスは、古典派経済学の理論を精緻に分析し、ロック的な社会に内在する論理を明らかにしてみせました。マルクスは経済学の研究を通じて、経済的な構造の限界を明らかにするという方法を採ったのです。学問的な意味でのマルクスの功績は、その政治的な影響力の陰に隠れて、なかなか公平に評価されづらいところもあります。しかし、理論的な可能性については、政治的なポジションのとり方とは別に、きちんと検討する必要があるでしょう。本書ではその点まで立ち入った話をすることはできませんが、別に良書もありますのでそちらをご参照ください。

ただ、そうしたマルクスの理論的な分析は、マルクス主義の展開の中で政治的なスローガンに変えられました。マルクスとともに、マルクスの援助者として初期マルクス主義を守り立てたエンゲルスにいわせれば、マルクスが示したのは「科学的な社会主義」とされました。オウエンのような理念先行型の運動は「空想社会主義」でしかないと腐《くさ》されます。マルクスが描く「新しい社会」はそれとは異なり、「科学」に基づくので客観性をもつとエンゲルスはいうのでした。そこにはすでに政治的なレベルでの「マウンティング」があります。

一般的にいって、「科学」という言葉を使うだけで何らかの優位性を示せたと思えるような感性は、多分に政治的です。学問としての科学には、その方法に即した限界があります。「科学」はいつでもよい未来をもたらしてくれると信じるような科学万能主義は、研究費獲得のために科学者の側で意図的に便乗する事例も見受けられますが、本質的には政治的な機能しかもちません。それはいまでも広く観察される社会現象ですが、この当時のエンゲルスの議論もそうだったと思います。エンゲルスは、当時流行していたダーウィンの進化論をもとにマルクス主義の「科学性」を示そうとしたのでした。

ダーウィニズムはそれなりに蓋然性の高い生物学上の仮説ですが、他分野でその概念を借りて議論される際、まともな根拠が挙げられることはほとんどありません。当時、進化論は非常にセンセーショナルで、この考え方にかぶれた思想家は他にもたくさんいました。ですので、エンゲルスだけを責めるわけにはいきません。しかし、生物学の分野で部分的に検証されることを単なる類推で「社会」に適用することは、およそ学者として誠実とはいえない振る舞いです。この手の社会進化論は、恐ろしいことに今日でも繰り返されますので、存外に根が深い問題なのかもしれませんが、「社会の進化」という観念を振りかざして政治を動かすことの危険は、すでにわれわれが歴史の中で痛く経験していることでした。エンゲルスは、マルクスの理論を応用して、共産主義社会の到来を社会進化の必然と位置づけます。「史的唯物論」と名付けられた「科学」は、そうしてマルクス主義の教義となり、その運動を支えたのでした。その展開は実際どのようなものだったのか。具体的な歴史を簡単に追ってみます。

マルクス主義（3）：歴史の実験

一八六四年、「第一インターナショナル」と呼ばれる労働者の国際組織が立ち上がります。マルクス主義が二〇世紀に世界を二分するほどの影響力をもった理由のひとつは、労働運動を各国の問題に閉じず、国際的な運動としてロック的な社会の乗り越えを位置づけたことにありました。ですので、マルクス主義の展開を語るために労働者の国際組織の成立からはじめることには一定の意味があります。しかし、この「インターナショナル」は最初からマルクス主義の拠点だったわけではありませんでした。

先ほどマルクスは労働運動を先鋭化させて革命に導こうとしたといいました。しかし、設立当時のインターナショナルはむしろ、議会政治の内部で労働者の権利を獲得しようとする人々が主流の組織でした。インターナショナル設立のきっかけも革命とはまったく関係のないところにありました。フランス第二帝政の下、ナポレオン三世の資金提供でフランス国内の労働運動の指導者たちがロンドン万博に参加したことが、インターナショナル設立のきっかけです。その後の歴史において、自らの完全な失脚をもたらした「パリ・コミューン」の中核組織の設立にナポレオン三世自らがお金を出しているというのが、よく語られる皮肉です。

しかし、設立時のインターナショナルは実際、革命組織ではまったくありませんでした。インターナショナルは、設立当時、プルードンというフランスで議会政治寄りの労働運動を展開した人の一派が中心となったフランスの使節団と、それを迎えたイギリスの労働運動の指導者たちが中心を占める組織だったのです。イギリスの指導者たちも、議会内で労働者の権利を獲得しようと努めていた人々でした。マルクスとエンゲルスはすでに一八四八年に『共産党宣言』を書き、「万国のプロレタリアート（労働者）よ、団結せよ」と労働運動の国際化を呼びかけた有名人でした。団結して労働者革命を目指すマルクス主義の急進派は、それでも最初のインターナショナルにおいては、まだまだ少数派だったのです。

しかし、マルクスは、そのインターナショナルの「創立宣言」を起草する委員会において徹底した文言の管理を行い、「労働者のブルジョワ化」を匂わせる言葉を周到に排除し、革命運動につながる要素をひそかに盛り込みます。この組織の目的は何かということに関して、マルクスは最初から明確な意図をもっていたわけです。おそらくは他の参加者たちは、労働者の国際組織なるものに、各国の労働運動の連絡会程度の価値しか見ていなかったかもしれません。しかし、マルクスとエンゲルスは、彼らに比して強い意志をもって参加していました。マルクスが起草した「創立宣言」が満場一致で承認されると、マルクスとエンゲルスは、それを基礎に強い「理論的指導」を行い、インターナショナルを先鋭化させていくことになりました。

そのころイギリス国内では労働運動が一定の成果を得て普通選挙が実現し、労働組合法など労働者の権利の獲得を果たしていきました。そうしてイギリスの運動家たちは、少しずつインターナショナルの活動から手を引きはじめます。フランスではマルクスの支援によってプルードン派が失墜し、急進的なブランキ派が大きな勢力になっていきました。そうしてインターナショナルが革命勢力として急進化していく中で、パリ・コミューンの事件が起きたのです。

当時フランスはナポレオン三世を皇帝とする「第二帝政」を採っていました。しかし、隣国ドイツ・プロイセンとの戦争（普仏戦争）の末期、ナポレオン三世はプロイセン軍に捕えられます。皇帝不在の中、共和制を宣言する仮政府が早急な停戦を目指す一方で、実際の戦闘に参加していた民衆は徹底抗戦を主張、フランス各都市で市庁舎が相次いで占拠される事態へと発展しました。首都パリもまた、周囲をプロイセン軍に包囲される中で自治を宣言、独自に普通選挙を実施してパリ・コミューン政府を立ち上げます。

コミューン政府の成立にあたって、インターナショナルが何か直接的に関与したわけではありません。フランスにおける反政府勢力の中にはインターナショナルに参加していたフランスの活動家が多く含まれていました。しかし、パリ・コミューン自体はインターナショナルの主導によって生まれたものではありませんでした。急進的革命を目指すブランキ派が大きな勢力として加わっていましたが、狭い意味での「マルクス主義者」はそこに入っていなかったのです。

しかしマルクスは、事件発生当初こそ「時期尚早」との懸念を示していたものの、転じてフランスでの試みを大いに称賛しはじめます。マルクスはただちに「フランスの内乱」と題されたパンフレットを出版し、パリ・コミューンの事件を来るべき革命を予言するものとして歴史的に価値づけてみせました。そのパンフレットはたちまち売り切れて版を重ね、様々な言語に翻訳されて世界の運動家たちの間で広く読まれます。マルクスが革命を主導する「危険人物」として世界で知られるようになったのは、これがきっかけです。資本主義体制を採る近代国家にとっては、パリ・コミューンの発生自体が非常に衝撃的な事件でしたが、マルクスという人はそれを高らかに正当化してみせているというわけです。その革命に続けと訴えるパンフレットが世界で飛ぶように売れたことは、体制側の人間を震え上がらせるには十分だったでしょう。その中でインターナショナルも危険視され、いったん解体に追い込まれます。しかし、その一連の過程を通じて、革命の機運はマルクスをアイコンに、大きな盛り上がりを見せるようになっていったのです。

実際、マルクスとエンゲルスは、この時期を境に「革命後」の社会のあり方を具体的に研究しはじめます。武装蜂起して政権を奪取した後、どうやったら理想的な「平等」な社会を実現できるか、具体的な方法を詳しく論じるようになるのです。そこから導き出されていくのが「プロレタリアート独裁」という考え方でした。それは、真に「平等」な社会を実現するために、まずは「労働者階級」が社会を支配するような政治形態を実現する必要があるという議論です。ロシア革命前夜のレーニンが、こうしたマルクス、エンゲルスの議論の研究を通じて、新しく作られる「ソビエト政府」の青写真を描いたことはよく知られています（『国家と革命』）。レーニンのロシア革命は、そうしてマルクスから「プロレタリアート独裁」の考え方を受け継ぎ、共産党による「一党独裁」のシステムを構築していったのでした。

しかし、マルクスが高く評価したパリ・コミューンにおいて実現した体制は、実際どのようなものだったのでしょうか。コミューン政府は成立当時、これまで彼らが要求してきた様々な権利を認める宣言を出しました。言論の自由、信教の自由、集会の自由、結社の自由、婦人参政権等々、当時先進的だった理念がそこに多く盛り込まれています。しかし、戦況の悪化に伴ってコミューン政府はすぐにそれらの「権利」と相容れない政策を実施しはじめます。コミューンを批判する新聞の禁止、公安委員会の設置、市民の戦争への全面参加、市民生活の統制などです。設立当初コミューンが謳った市民の権利は、絵に描いた餅になっていきます。もちろん、このことについてはコミューン政府内でも反対するものが多く出ました。しかし、設立したばかりの公安委員会が、そうした反対者の逮捕に踏み切ります。こうして、パリは再び恐怖政治の様相を呈するようになっていきました。コミューン政府は、ロベスピエールの轍《わだち》をそのまま辿って、善意の改革を忌まわしい悪夢へと変えていったのです。

パリ・コミューン政府はそうしてわずか七二日の天下で倒れます。政府軍に鎮圧され、革命の主導者たちだけでなく戦闘に参加した多くの民衆が殺されました。その凄惨な死をマルクスは、悲劇の英雄譚に祀り上げました。それは真の共産主義国家を実現するための序章と位置づけられます。パリ・コミューンで演じられた悪夢は反省されることはなく、かえって「プロレタリアート独裁」の必要性がそこから導き出されることになったのです。

そうした一党独裁型の政治が「粛清」を含む権力の集中を生むということを、われわれは一九五六年の「フルシチョフ報告」まで知らなかったことになっています。レーニンの後、ソビエトを引き継いだスターリンは、後継を争ったトロツキー派をすぐに粛清、党代議員の過半数を銃殺刑に処する恐怖政治を行いました。「大粛清」と名付けられた一九三〇年代の虐殺の犠牲者は、少なくとも一三〇万人、そこには政治に無関係なソビエト国内の学者だけでなく、滞在していた諸外国の共産党員も多く含まれていたといいます。スターリンの死後、集団指導体制に移ったソビエトは、スターリンによる虐殺を告発する報告を行いました。フルシチョフによるこの報告は、当時まだマルクス主義に未来を求めて活動していた西洋諸国の思想家たちに大きなショックを与えたといいます。その惨劇はあたかも歴史上はじめて起こったものであるかのように受けとめられました。その権力の濫用を、スターリン個人の狂気に帰する言説もなお根強く残っています。しかし、それがひとつの構造的な必然であることは明らかです。歴史上同じことが何度も、役者を替えて演じられてきたことをわれわれはすでに知っています。仮にスターリンでなくても、同じポジションに人を配置すれば、やがて独裁体制が出来上がるのは時間の問題と考えられるのです。

オウエンの失敗に見られるように、共同体内部で一般意志の共有を貫徹することはルソー的な意味での「平等」な社会を実現するためには不可欠のことといえます。もし一般意志が複数に分裂してしまえば、共同体の存続自体が危ぶまれることになるでしょう。それはオウエンが演じてみせたことであり、ルソーがあらかじめ理論として指摘していたことでもありました。それゆえ、マルクスが共産主義社会の実現のために「プロレタリアート独裁」の必要性を訴えたことには、一定の理路があったといえます。しかしながら、まさにそうした同じ「一般意志」の共有のためには、反対者の排除が必要になります。真の「平等」を実現するために、独裁体制において決められた事柄を共同体の隅々まで貫徹させることが求められたのです。ルソー的社会の悲劇は、マルクス主義を例外とするものではありませんでした。

学問の専門分化と教養主義の「敗北」

では、ロック的な社会を乗り越えるために示された別な方法、すなわち教養主義はどうなったのでしょうか。先に見たように、教養主義とは、互いに個々人の利益を主張し合う市民社会を超えて「教養＝文化」を紐帯《ちゅうたい》とした高次の共同体の構築を目指すものでした。教養は強制されるものではなく、原則として誰もが身につけられるものです。だとすればそこには、「プロレタリアート独裁」のような上からの押しつけは考えなくてすむようにも思われます。ルソー的な意味での「自由」と「平等」は、教養主義的な文化共同体においてはじめて実現しうるのでしょうか。近代の大学教育は、まさにそのような教養社会の構築を目指すものでした。

しかし、現状を見れば明らかなように、大学をはじめとする高等教育機関はそうした文化共同体の機能を十分に果たすことはできませんでした。その原因は、学問の専門分化にもとめられます。一九世紀は、今日に至る様々な学問の専門領域が次々に新しく生まれてきた時代でもありました。近代大学の理念は、そうした学問の専門分化が進む中で急速に形骸化していったのです。

カントが活躍した一八世紀、大学には神学部と法学部、医学部のほかに哲学部しか存在していませんでした。様々なアカデミーが先進的な知の発展を支えていたとはいえ、基本的には哲学者が同時に天文学や物理学、数学などの研究をしていました。特定の領域だけを研究する「科学者（サイエンティスト）」という呼び方は、少なくとも一九世紀中頃まではある種の侮辱を含むものとして受け止められていたといいます。「〜イスト」という言葉にはその道のプロというニュアンスが含まれますが、真の意味での「学問（サイエンス）」は、特殊な専門に分かれるものではなく、常に総合的に世界を考察するものという考え方が「学問」の中心にあったのです。

しかし、物事を総合的に判断するのが真の学問だという意識は、一九世紀後半から急速に失われていきました。それは、単純に高度に専門分化した知のそれぞれについて一人の人間が詳しく知ることが難しくなったということだけでは説明がつきません。というのも、学問にとって知の総合が不可欠という意識が全体に保たれていたならば、そのための努力がなされてもいいはずだからです。自分が専門的に探究する分野が学問全体の中でどのような位置にあるものかということを個々の研究者が常に意識して研究していたならば、学問は今日のような状況にはなっていなかったでしょう。これは実際に様々な学問分野を横断してみればすぐに分かることですが、それぞれの専門分野で実質的に「同じこと」が別な言葉で議論されているということがよくあります。文脈を補わないと分からない数式を用い、専門家にしか通じない言葉を独自に定義しながら、さも重要そうに論じられる事柄が、他分野ではすでに何十年も前に議論されていたということが本当によくあるのです。学問の専門の壁というのは、他分野の研究者の介入を防ぐためにわざわざ高く設定されているのかと穿った見方をしたくもなります。少なくとも個々の研究者が学問全体についての意識をもっていたならば、同じ問題を一々最初からやり直すなどということは起きないと思われるのです。

しかしなぜ、大学はこのような状況になったのでしょう。答えはある意味で簡単だと思われます。というのも、いまの社会においては、自らの専門分野が学問全体の中でどのような位置をもつかを考えることが、まったく「お金」にならないからです。特定の専門分野で認められ「研究者」として生きていくためには、専門分野を究める必要があります。

そして、研究者としての希少価値は、ほかにその研究をできる人間がいないということで生み出されます。だとすれば、専門は細かければ細かいほどよいということになるでしょう。まずは「哲学」という大きな学問の枠組みで物事を考える必然性が薄れ、天文学、物理学、心理学などといった個別の学問領域が分かれていきました。そして、それぞれの学問分野においても、専門はどんどん細分化されて、隣接領域でさえ隣が何を研究しているかをよく知らないという状況が生み出されます。そうして学問が細かく分かれていけばいくほど「専門家」の価値は上がっていくというわけです。その中で知を総合しようとしても、「専門家」から細かい部分の知識の欠如を指摘され、全体を否定されるのが関の山でしょう。またそうして、研究者がみな総合的な見地を手放せば、もはや誰もお前の研究はすでに他分野でやられていると指摘する人間もいなくなります。あるいは実際に指摘しても体よく無視されるだけというのが何度か試みた筆者の経験したことでした。全体的な視点をもたず、より細かく精緻な議論をすることこそが学問だという考えが、こうして学界を支配することになったのでした。全体のことを考える時間は端的にいって無駄で、目の前の専門を掘り下げることでこそ生産性が高められる。アダム・スミスが唱えた社会分業制は、こうして学問の領域にしっかりと根を張ることになったのです。

愚痴めいた話はともかく、学問の専門分化が広がることで「教養＝文化」と呼ばれるものの内実が急速に空疎になっていったことは確かです。何しろ、それぞれの領域の専門家は、自分の専門のことしか探究しないわけですから、大学の教員の間でさえも「教養＝文化」の共有など望めない状況ができます。教育に携わる大学教員がこのような有様なわけですから、その教育を受ける学生が「教養」を名ばかりのものと見なすのは当然でしょう。「教養」によって文化的共同体を形成するという教養主義の戦略は、もはや単なる「お題目」以上の内実をもたないものになっているのです。

そのあたりの事情は、ヴィンデルバントというドイツの教養主義の中心人物が二〇世紀初頭に率直に認めていることでもありました。このことは、なまじヴィンデルバントを知っている人ほど認めがたいことかもしれませんので、ヴィンデルバント本人に語ってもらいたいと思います。少し長くなりますが、引用させてください。

〔学問が激しく専門分化した二〇世紀初頭の現状においては〕われわれは、文化内容をひとつの意識において統一的に総括することはもはやできないことを覚悟する必要がある。まして諸個人における教養の統一的均等にいたっては、現在でも、また見通しうる限りの未来においてもまったく不可能である。〔中略〕一般教養なるものが広大に普及しているといっても、知的文化統一の理想、すなわち、様々な教養階級の調和という理想を決して実現することはできない。そのため、文化統一の要求は知識の領域においてよりもむしろ価値の領域において、認識の共通においてよりも意志の共通において実現されると考えるべきである。（「教養階級と文化の統一」）

お分かりでしょうか。ヴィンデルバントはここで、みなで同じ「教養＝文化」を共有するという教養主義の理念を半ば諦めています。学問の総合は、今後、未来においても不可能だろうとヴィンデルバントはいっています。傑出した一人の学者でさえ、すべての学問に通じることが難しいのに、すべての人々で「教養＝文化」を共有するなんてことはできないというわけです。ここには、教養主義の実質的な「敗北宣言」が示されています。

しかしでは、ヴィンデルバントが「教養主義は失敗した」と投げ出しているかといえば、そうではありません。ヴィンデルバントは、ここで「教養＝文化」という言葉の中身を変えることで「教養主義」を救おうとしています。それまで「教養＝文化」とは、諸学問を総合的に検討するような知を指すものでした。しかし、すでにそれは難しい。そこでヴィンデルバントは「意志の共通」という魔法のことばで「教養＝文化」なるものを救おうとします。つまり「教養」というのは、各人の心持ちの問題であり、何かをどれだけ知っているかどうかということではないというわけです。共通の知識はもてなくとも、みなで同じ方向を向いていることを互いに確認できれば、文化共同体は維持できる。「文化＝教養」という言葉の中身を変えることでヴィンデルバントは教養主義の存続を図ったのでした。

しかし、そのときの「文化」は、学問研究の対象ではなく、各人の意識の問題に代えられています。ヴィンデルバントが再定義した「教養＝文化」は、諸学問を統合するような視点を実際にもつことではなく、同じ共同体に属そうという意志の対象と見なされます。新しい「教養主義」が、ロック的な社会を超え、文化的共同体を作るとしても、その共同体は単に人々の心持ちによって支えられるものと見なされたのです。

こうして、ヴィンデルバントのいう「教養主義」は、実質的に教養主義であることをやめ、ロマン主義へと戻ることになりました。先に見たようにロマン主義とは、感性の共有によってバラバラな個人をつなぐことを目指すものでした。みなで同じ「文化」を共有することが、ロック的な社会の乗り越えに繋がると期待されました。しかし、そこでの「文化」とは、それ自体で何か実体をもつものではありませんでした。「われわれは同じ文化を共有している」ということを各人の「意志」によって確認し合うことで、はじめて文化的な共同体が維持されるというのがロマン主義の考え方だったのです。ヴィンデルバントの議論もまた同じ場所に回帰しています。「われわれの国民的存在の道徳的価値内容が文化統一の紐帯として、十分力強く維持されることを期待する」というのが、右に引いたヴィンデルバントの議論の結論でした。そこではすでに文化共同体の成立が「国民的道徳」の問題として語られはじめているのが分かります。人々の意志による文化的共同体を維持するため、「民族」という概念が再び持ち出されるのも、ここからそう遠くない未来になります。

ロマン主義的な教養主義の到達点

その後の教養主義はどうなったのでしょうか。

逆説的なことに、このヴィンデルバントの実質的な「敗北宣言」を起点として、教養主義は大きく盛り返します。これは分かりづらいところなのですが、実際のところ、われわれが知っている「教養主義」とはむしろ、このロマン主義に戻った後の「教養主義」なのです。ヴィンデルバントの「敗北宣言」の後、失地回復とばかり「教養主義の理想」なるものが盛んに喧伝されるようになります。「教養主義」という言葉が一般の人々に広く知られるようになったのも実は、その喧伝のおかげで、近代大学が設立された当初には「教養主義」という言葉はむしろあまり知られていなかったのです。この点、少し立ち入って見てみましょう。

まず確認しておかないといけないのは、実際それまで教養主義が存在しなかったわけではないということです。先に見たように教養主義は、近代大学が作られるときの理念として実際に機能していました。ゼミナール形式の教育が成立するためには理念上、研究と教育の一致が保証されていなければなりませんでしたし、教養主義は、近代大学が普及していく過程で実際に影響力をもっていました。

しかし、その近代大学の理念がひとつの理想として広く一般に喧伝されはじめたのは、一九一〇年のベルリン大学創立一〇〇周年を機にしたものであったことが最近の研究で明らかになっています。「研究と教育の一致」という教養主義を謳ったフンボルトの理念にもとづいてベルリン大学が作られたのは一八一〇年。研究の拠点としての大学の復権は、このころからはじまりました。しかし、このフンボルト理念が人々に知られるようになったのは、それから一〇〇年後の記念論集がきっかけだったというわけです。フンボルトの名前は一九一〇年以前にはベルリン大学の関係者以外にはほとんど知られていなかったことが示されたのでした(パレチェク「フンボルトモデルが一九世紀ドイツの大学に普及した?」)。

先に引いたヴィンデルバントの「教養階級と文化の統一」が一九〇八年ですから、一九一〇年から教養主義が「復興」されるというのは奇妙に感じられます。なにしろ教養主義が事実上の「敗北」を宣言したそのすぐ後で、教養主義こそが理想の教育であると声高に叫ばれはじめているわけですから。それでも実際、フンボルトが掲げる「ベルリン・モデル」こそがドイツの大学と学問の栄光を牽引したという著書が、一九一〇年以降ドイツで数多く出版されました。しかし、注意すべきはそこで喧伝された「教養主義」は、実質的には、すでに知の統合を目指すものではなく「意志の共通」を目的とするものだったということです。

大正期(一九一二～一九二六)、日本に輸入された「教養主義」は、このすでにロマン主義化した教養主義でした。先に見たように教養主義が一大ブームになったのは、日本では大正時代だったのです。誤解のないようにいえば、一九一〇年以前にすでに日本はドイツから教育システムを学んでいました。日本の大学のシステムはそれゆえ、教養主義が教養主義と宣伝されるまえに教養主義の仕組みを取り入れていたことになります。しかし、「教養＝文化」が広くもてはやされ、ひとつの「文化的規範」として大きな影響力をもったのは、間違いなく同時期のドイツで復権したロマン主義的な教養主義でした。ゲーテやドストエフスキーを読み、ベートーヴェンを聞かなければならない「教養主義」は、ロマン主義へと立ち戻った後の教養主義だったのです(ちなみに、アメリカの「リベラル・アーツ」は、一九世紀に実質的な教養主義を輸入し、二〇世紀ドイツのロマン主義的教養主義を拒否しました。その流れは次のフェーズⅢで見る「リベラリズム」へと繋がっています)。

新渡戸稲造の「修養主義」が成功のためのマニュアルという大衆的な側面をもっていたのに対して、大正期に成立した「教養主義」はエリート文化として位置づけられました。それは「学ぶべきもの」であり、それを学ぶことで知の共同体に属することができるという認識が共有されました。「教養」はその後、昭和一〇年代に河合栄治郎によって「マニュアル化」され、一定程度の学力があれば誰でも身につけられるものになっていきます。同時に、特定の本を読んでいないと一段低く見られるという風潮が大学生の間で生まれることになりました。「同じ本を読んでいる」ことが一定の知的レベルを保証するという仕組みがそこで出来上がったのです。日本の「知識人」と呼ばれる人たちが少なくともある年代までは、この教養主義の影響下に置かれていたことは知っておいて損はないと思われます。

つまり、「教養主義」とは、少なくとも日本においては最初から、額面上理念として挙げていた「知の総合」を実際に目指すものではなかったというわけです。日本で「知識人」と呼ばれた人々が、総合的な知に基づく批判的思考を展開するよりもむしろ、同調圧力をもって特定の知の共有を要求することの方が多かった理由もそこから理解できます。「同じ本を読み、同じ感性を身につけること」が重要だとすれば、「知識人」の役割は、批判よりもむしろ追随者に向けて「知ることが、いかにかっこいいか」を示すことになるでしょう。そして実際、日本の「知識人」（の少なくとも一部）は、その役割を積極的に担ってきました。実際に知を総合する努力が、ほんの僅かな人々の間でしかなされなかったことが、今日の学問の惨状をもたらしたのではないでしょうか。

また愚痴になりました。ともあれ、こうしたロマン主義化のために、教養主義はこの後台頭してくるナチズムやファシズムと十分な距離をとることができませんでした。それらの運動はまさに、「文化」や「民族」を仮構して共同性を確保しようとするものにほかならなかったからです。実際、ロマン主義化した教養主義は、その基本的な構図において、ファシズム／ナチズムとの共通点を多くもっていました。日本で「教養主義」の中核を担った京都学派の戦争協力の問題、ドイツではハイデガーのナチズム協力の問題がしばしば組上にのぼります。ですが、ここではそれらの問題に立ち入らず、もう少し簡単に教養主義とファシズム／ナチズムとの接点を見たいと思います。「第三帝国」の問題です。

「第三帝国」という問題

「第三帝国」という名前は、今日ではヒトラーによるナチス・ドイツの別名と理解されています。ナチスは「ドイツ民族」よりも古く「アーリア人」に民族の同一性を求めましたが、「第三帝国」というのは、その系譜の三番目の帝国を意味すると理解されます。つまり、第三帝国という名前は、ナチスにおける民族主義と深い関係にあるものと考えられているのです。

しかし、「第三帝国」というのはもともと、教養主義の文脈から出てきた言葉でした。ナチスが自分たちの神話の中から導き出したものではありません。ヒトラーは、最初は乗り気ではなかったといわれていますが、後から「第三帝国」をナチスの別称として積極的に認めるようになったといわれます。では、第三帝国と教養主義はどのように関係していたのでしょうか。少し立ち入って見てみます。

「第三帝国」という言葉は、一二世紀イタリア、フィオーレのヨアキムという人の黙示録解釈に由来します。罪に満ちた世界に神の怒りが下され人類の大半が滅亡した後、罪なき人々によって「千年王国」が作られるというのがヨハネの黙示録でした。ヨハネによる黙示録は「新約聖書」の一部ですが、ヨアキムはそれを具体的な歴史に当てはめて考えます。聖書に書かれた「千年王国」は実際、いつ訪れるのか。ヨアキムは分かりやすく、三つのステップで示してみせました。すなわち、「旧約〔聖書〕の時代」「新約〔聖書〕の時代」「聖霊の時代」です。一二世紀ヨアキムが生きた時代には「旧約〔聖書〕の時代」も「新約〔聖書〕の時代」も、ともに過去のことで、最後の「聖霊の時代」だけが未来に位置づけられます。やがて「神の怒り」が下され、千年王国がやってくるだろう、そのためにわれわれは身を正して裁きに備えなければならないというのが、ヨアキムがこの道具立てを使っていいたかったことでした。つまり、「世界の終わりは近い」と告げる終末論のひとつだったわけです。そこで第三の時代にやってくる「千年王国」が「第三帝国」と呼ばれました。「世界の終わりは近い」という意味で「第三帝国は近い」といわれたのです。「三」という数字で歴史の過程をはじめから終わりまで辿ってみせる思考様式は、非常に簡単で力強く、その後、様々なバリエーションで繰り返されました。例えばロシアにおいては、第一にローマ、第二にコンスタンティノープル、第三にモスクワというかたちで「終わり」に至る歴史が語られました。東西に分かれる前のローマ帝国を起点に、東側コンスタンティノープルのキリスト教、つまり東方正教会がやがて「ロシア正教」となってモスクワに至る歴史的な過程が、終末論のイメージと重ねられているわけです。これはある意味で非常に素朴な民間信仰ですが、この考え方が「教養主義」の本丸、ドストエフスキーに流れ込んでいます。ドストエフスキーが素朴な宗教的観念に囚われていたというのではなく、「第三帝国」にまつわる思考様式が、ひとつのモチーフとして流れ込んでいるというわけです。ナチス政権成立前のドイツで『第三帝国』というタイトルの本を著したメラー・ファン・デン・ブルックは、ドストエフスキー研究者でした。

「第三帝国」のイメージが二〇世紀初頭のドイツで一般化していく背景には、もうひとつ別な教養主義の源泉もありました。三つのステップで歴史を考えることは、教養主義の哲学者に数えられるヘーゲルの「弁証法」の論理に一致するものだったのです。教養主義が全盛の時代には「正・反・合」といって有名な論理でしたが、それは対立する二つのものが、最後の三つ目のステップで対立を解消し統合に至るという論理を示すものでした。ヘーゲルの論理は実際の歴史にあてはめられ、「歴史に内在する論理」と見なされたのです。そのヘーゲルの論理を「第三帝国」に結びつけたのが、イプセンです。『皇帝とガリラア人』という戯曲の中でイプセンは「肉の帝国」「霊の帝国」「第三帝国」という三つのステップを描いてみせました。古代ギリシアの異教信仰は「肉の帝国」といわれ、キリスト教の「霊の帝国」にとって代わられます。しかし、その「霊の帝国」もまた精神性に偏っているため、それだけでは一面的です。それらの二つの帝国の対立は「第三帝国」の到来によって統合されるというのがイプセンの戯曲のテーマだったのです。「第三帝国はやってきたんだ、マクシムス！　おれは救世主がおれの中に生きてるような感じがする。霊は肉となり、そして肉は霊となった。創造物は何も彼もおれの意志と、おれの力のうちにある」。作中「第三帝国」の担い手と目されたユリアヌス帝は、しかし、志半ばで倒れます。彼が自負した第三帝国の到来は、残念ながら真正のものではありませんでした。しかし、その死はやがて来るべき真の第三帝国の到来を予感させます。「第三帝国はやってくるさ！　人間の精神は、その相続財産の取り戻しを要求する」。イプセンはこうして、英雄の待望というかたちで「第三帝国」の理想を描いてみせたのです。われわれにはやがて「ドイツの栄光」を取り戻す救世主が現れる。それはまさに、ディートリッヒ・エッカートがヒトラーにはじめてあった際に予感したものでした。そしてこのエッカートが、ヒトラーを独裁者として育てることになったのです。

劇作家だったエッカートはイプセンの戯曲で成功した人でした。「悪魔のようなユダヤ人」の銀行家が牛耳るロック的な社会を乗り越えるために、われわれドイツ民族が「第三帝国」を実現しなければならない。エッカートはそう考えました。教養主義の枠組みで共有された「第三帝国」のイメージが、こうしてナチズムの「第三帝国」へとつながります。「第三帝国」の待望は、比較的素朴な終末論を背景に教養主義の文脈で感性的に共有されるものでした。来るべき理想の社会を待ち望む感性の共有は、ヒトラーを「英雄」として受け入れる土壌を準備することになったのです。

このエッカートの「反ユダヤ主義」が、資本主義社会の乗り越えと重ねられていることに注意していただきたいと思います。当時ドイツの経済は、ユダヤ人ロスチャイルド家の系列の銀行に支配されていました（あるいは少なくとも、そう信じられていました）。キリスト教徒は金融業を高利貸しとして厳しく非難してきた伝統があるのに比して、ユダヤ教にはそのような戒律がありません。一般のユダヤ教徒はキリスト教社会の中で住居所有の禁止などの制限を受けながら、「ゲットー」と呼ばれる限定居住区に住むことを強要されていました。しかし、「宮廷ユダヤ人」と呼ばれた一握りの人々は、中世の時代から貴族階級への資金の融通を行い、国際的なネットワークを使って貿易の便宜をはかり、特権的な立場に立っていました。ロスチャイルド家もその宮廷ユダヤ人の家系で、一部のユダヤ人は実際、資本主義の発展段階において大きな利益を得て、経済的優位に立つことができたのです。

しかしまさにそこに、資本主義社会の乗り越えを反ユダヤ主義に結びつける回路が生まれます。「高利貸し」によって不当に利益を得るユダヤ人というイメージは、シェイクスピアの『ヴェニスの商人』に描かれるシャイロックにはじまり、実に様々な文学者が繰り返し喚起したものでした。そのイメージが国際的な資本の陰謀に重ねられます。ロック的な社会を乗り越えるための「理想の国」からユダヤ人を排除するという考え方は、そうして「正当化」されたのです。

しかし、ナチズムを支持した人々の感性は、それでもなお共有しがたいものでしょう。もちろん特に共有すべきものでもありませんが、われわれの「この社会」がもつ構造を見定めるためには、そこで何が起こったかをイデオロギーを抜きにして見定める必要があります。再び、同じ蹉跌をきたさないためにも「ありえない」と視野の外に置くことなく、「この社会」がなお孕んでいる問題を見据えることが必要なのです。

ヴァイマル憲法とナチズム

ナチズムがもたらした悲惨については、あらためてお示しする必要はないと思います。「ホロコースト」と呼ばれるユダヤ人の虐殺をはじめ、今日の社会でその価値観を支持するなど「ありえない」とされるほど、絶対悪と位置づけられます。実際、ドイツではヒトラーのイメージを使うだけで「民衆扇動罪」に問われることはよく知られるところです。

しかし、なぜそのような「悪」が起こりえたのでしょう。ヒトラーによるナチス政権が、少なくとも形式の上では民主主義のシステムによって民衆に選ばれたものであるということは確認しておく必要があります。その歴史的状況を見ておきます。

諸侯に分裂していたドイツを統一に導いたのはプロイセンの宰相ビスマルクでした。統一された「ドイツ帝国」はそうしてビスマルクによる産業化を進めますが、新たに即位した若きプロイセン国王のヴィルヘルム二世はビスマルクを罷免、帝国主義的な政策によって自らドイツ帝国の手綱を握ります。しかし、皇帝の主導で参戦した第一次世界大戦での敗戦の色が濃くなると、ドイツ国内では皇帝の退位を求める動きが激化しました。

ロシアでレーニンによる共産主義革命が成功したのはまさにそのタイミングです。第一次世界大戦の最中での帝政の克服という同じ構図にあったドイツのマルクス主義者は、革命を目指して活動を活発化させていきました。そのころドイツ国内で革命を主導していたのは、ローザ・ルクセンブルクとカール・リープクネヒトでした。彼らは「スパルタクス団」を結成、各地の労働者組織の武装蜂起を主導します。労働者の貧困に対する怒りを革命の機運に転換しながら、彼らが政体を覆そうとする直前、ドイツ帝国の首相は皇帝の退位を宣言します。そうしてドイツは民衆の怒りを回避し、辛くも共和制へと移行することになったのでした。マルクス主義陣営はなおも蜂起を続けますが、主導者だったローザ・ルクセンブルクとカール・リープクネヒトは、反革命派の義勇軍に捕らえられ私刑に処されます。目前の革命の芽は摘まれたものの、やりどころのない不満を抱えながら極めて不安定な政治基盤の上に「ヴァイマル共和国」が成立したのです。

民衆の要求に応えるため、ヴァイマル共和国が制定した憲法は、第二次世界大戦後から見ても先進的な内容をもつものでした。それは、現在の日本の憲法の源泉のひとつに数えられます。というのも、ヴァイマル憲法は世界ではじめて「生存権」を認めるものだったからです。それまでの憲法では、ロック的な社会の構想にもとづいて「自由権」が謳われても、「生存権」が認められることはありませんでした。この点についてはぜひロベスピエールの演説を思い出していただきたいと思います。経済活動の「自由」が人が生きることよりも優先されるのはおかしいというのが彼の訴えでした。しかし、その訴えは、なおロック的な社会の理想に反するものとして、それまで退けられ続けていたのです。

産業化の進展においてドイツでも進む労働者の貧困と、それを梃子《てこ》に革命を起こそうとする勢力を前にヴァイマル共和国は、ルソー的な理念を一部憲法に組み入れる必要に迫られました。主導者が処刑されてなお活発な革命勢力を沈静化させるためにも、憲法の中に「個人の自由」を制限する「公共の福祉」の考えを盛り込まなければならなかったのです。

これは憲法の中に調停不可能な矛盾を内在させることでした。なぜなら、本書で何度も確認しているようにロックとルソーの思想はその根本において対立するものだからです。一方で不可侵の権利として「個人の自由」を謳いながら、別の条項ではそれが「公共の福祉」のために制限されるといわれます。では、どちらが優先されるべきかということはいくら憲法を読んでも引き出せません。時々のケースで異なる条文を参照しながら問題を解決することはできるかもしれませんが、参照すべき一貫した理念が存在しない状況になっています。妥協によって生まれるものもあるとは思いますが、その「妥協」は常に両者の思想的な対立を解消するものにはならないからです。互いに異なる社会を目指して対話を繰り返しては、互いの前提の違いに躓《つまず》く構造が招き入れられました。現在の日本がこのヴアイマル憲法を引き継いでいることとは、進歩史観的な楽観性を離れて、あらためて考えてもいいことではないでしょうか。本書の立場からも、これらの歴史的反省を一通り踏まえた後、「新しい憲法」のあり方を提案させてもらえればと思います。

さて、ヴァイマル共和国は、労働者階級への歩み寄りにもかかわらず、依然として極めて不安定な政治状態に置かれました。第一次世界大戦の敗戦で締結した「ヴェルサイユ条約」によってドイツは、大きな金銭的補償をもとめられます。その借金を返すためにドイツはさらなる産業化に努めますが、重くのしかかる戦争賠償金はドイツ経済全体を圧迫、「ハイパーインフレ」を引き起こすに至ります。「ハイパーインフレ」というのは、その名前の通り、物の値段が大きく跳ね上がることです。が、それは本質的にはその「物」を買う方の貨幣の価値が崩壊する現象といった方がよいでしょう。ドイツは当時「マルク」を通貨にしていましたが、ヴァイマル政権発足時に比べて、「一ドル」を買うために払うマルクの量が一兆倍になったのでした。これはもちろん、ドルの価値が飛躍的に上がったということではなく、マルク自体の「商品」としての価値が「一兆分の一」になったことを意味します。これによってドイツ国民が明日を生きるために貯めていたお金は実質ゼロになりました。その上失業率も跳ね上がって目前の仕事すらないというわけですから、ドイツ国内の混乱はいかほどか、想像の範囲を超えます。その中で台頭してきたのがヒトラーのナチズムだったのです。

ナチズムとは、ナショナル・ソシアリズム、つまり「国家社会主義」の略称です。「ファシズム」同様、いまでは否定のためのものでしかない言葉の意味を確認しておくことは重要だと思います。「ナチズム」という言葉は当時、少なくとも一定の人々にとって明るい未来を想像させるものだったのです。

ヒトラー率いるナチ党は「ヴェルサイユ条約の廃棄」と「地代徴収の禁止」、「高利貸しの厳罰化」「ユダヤ人の排斥」を強く訴えました。いずれも当時のドイツ国民が不満に思うことを解決する提案です。当時のドイツの窮状は、資本家たちの搾取によると訴えられたのです。これはもちろん、マルクス主義者とその支持基盤を互いに争うものでした。ナチ党はそうして、ときに物理的にマルクス主義者と争いながら、幾度かの選挙を経て第一党に躍進するに至ります。「ユダヤ人排斥」を含むナチの綱領が国民の支持を得たのでした。

政権を奪取するとヒトラーは解散総選挙を実施、国民の支持を確認すると、全権委任法を通して独裁政権を確立しました。こうした手続きは、少なくとも形式的にはヴァイマル憲法に則ったものでした。全権委任法によって完全に骨抜きにされながらも、ヴァイマル憲法は、形式的にはその後もずっとヒトラー政権が倒れるまで、ナチス・ドイツの成立根拠となっていたのです。

実際のところヴァイマル憲法は「緊急時の大統領令」を認めるもので、ヒトラー政権が発足する以前から立憲君主派の大統領が首相を直接指名するなど、必ずしも民意を反映するものではなくなっていました。実際、ナチスが第一党になってからも、大統領はヒトラーを首相にすることに躊躇したといわれていますが、「民意」はむしろヒトラーを支持しました。大統領権をヒトラーに手渡すことになる全権委任法を許したのも、大統領緊急令の恣意性が当の大統領にとって重荷になっていたからだとされます。そのときの「民意」と呼ばれたものが、偽の事件のでっち上げを含むヒトラーの一連の宣伝活動によるものだとしても、形式的には法に則った手続きによって、ヒトラーの独裁政権が誕生したのです。

日本のファシズム（1）：天皇制

ナチズムがそうであったように、日本の軍国主義による戦争もまた、少なくともその理念において、ロック的な近代社会の乗り越えを目指すものでした。

戦中期の日本の体制が「ファシズム（団結主義）」と呼ばれたのは戦後東京裁判でのことで、日本が厳密な意味でファシズムであったかは問題になりえます。「ファシズム」とはもともとイタリアのムッソリーニが自称した運動ですが、その名の通り、個人に分断されてしまった人々の紐帯を作ることを目的とするものでした。日本の軍国主義がファシズムであったかどうかという問題は、結局のところ、「ファシズム」をどう定義するかによります。ここでは「民族」という観念に訴えて共同性を確保し、ロック的な近代社会の乗り越えを目指す運動と考えることにしましょう。ご存知のように第二次世界大戦は、日独伊の枢軸国と米英ソ仏の連合国が戦って前者が負けた戦いでしたので、東京裁判では敗戦国の体制をまとめて「悪」を意味する代名詞として「ファシズム」という言葉が使われました。「日本は本当にファシズムだったかどうか」が問題とされるのは、実際のところ、「ファシズム」という言葉が、このイメージに強くとらわれているからであるように思われます。しかし、問題の構造を見据えるためには、後の価値観を前提にした理解はいったん括弧に入れておく必要があるでしょう。「ファシズム」とは実際、産業化の進展に伴って発生した社会の歪みが生み出した現象だったのです。

その日本の「ファシズム」は、天皇制とアジア主義という二つの大きな特徴をもっています。これらはそれぞれ独立して語りうるものですが、日本においては同居して「大東亜共栄圏」、つまりアジア地域の植民地からの解放を大義とした西洋社会との戦争という考え方に流れ着きました。その両方に、ロック的な近代社会の乗り越えという主題があったことを確認したいと思います。

まずは天皇制から。天皇制は古くからあるシステムですが、明治維新によって新しい役割が与えられました。明治政府は天皇を、「日本」という国をひとつにまとめる存在に祀り上げたのでした。日本人がいまのように自分たちを同じ「日本人」と考えるようになったのは明治からのことです。それまでは何々藩の人間、あるいはどこどこに住んでいる人、どういう職業の人ということで「自分」の存在を理解していましたが、尊皇攘夷運動の中で江戸幕府が倒される過程で「日本人」というアイデンティティが形成されたのです。

そうして日本はいわゆる「脱亜入欧」(=アジアを離れてヨーロッパと肩を並べる)の路線で積極的に近代化を図ったわけですが、国をひとつに束ねて産業化を進めるという点で一八六八年は、実はそれほど遅いものではありません。先ほど見たビスマルクがドイツ統一を果たしたのは一八七一年のことでした。隣接諸国が急速に産業化を果たしていく中で、それらに急いで追いつかなければならないという状況は、ヨーロッパと日本でそれほど変わらないものだったのです。ただし、そのとき明治政府が目指した「近代社会」は、明らかにロック的な社会でした。日本は同時期にルソーも輸入していますが、生存権を含めた社会権が日本に取り入れられるのは、先に見たようにヴァイマル憲法を取り入れる戦後のことです。大正デモクラシーは普通選挙を実現しましたが、労働者の権利や国民主権の獲得は、敗戦後、新しい憲法ができてからのことだったのです。「近代社会」の構想におけるロックとルソーの対比は、明治憲法と戦後憲法の差異を考える上でも重要です。

明治政府はロック的な近代社会の構想の中で「日本」をひとつの枠組みに束ねる役割を天皇制に与えました。しかし、日本の「ファシズム」が信奉した天皇制は、明治維新の天皇制とは、またさらに異なる「天皇制」でした。それはこういってよければ、ルソー的な理想社会における天皇制です。軍部の青年将校たちは、ロック的な社会を乗り越える目的で、新しい「天皇制」を目指したのです。

明治維新とはそもそも、薩摩藩と長州藩の志士たちが主導した「革命」でした。そしてこの二つの藩出身者は、その後の日本の政治・経済の発展においても中心的な役割を果たします。近代化による産業社会の発展は、日本でもイギリスと同じように一部の財閥を大きく富ませる一方で、周縁に置かれた人々の貧困を引き起こしました。「財閥政治」という言葉はその象徴で、一部の特権階級が政財界を支配していると急進的な改革運動の攻撃対象となったのです。青年将校たちは、「財閥政治」を乗り越えることを目的として「血盟団事件」「五・一五事件」「二・二六事件」と繰り返しクーデタを試みます。民衆の不満を背景に展開されたテロリズムによって、日本は次第に軍国主義へと傾いていったのでした。

明治維新の天皇制が「天皇の国民」を作ることが目的だったとすれば、青年将校たちの天皇制は「国民の天皇」を目指すものだったというのは久野収による整理ですが、これは事柄の本質を突いたうまい言い方だと思います。つまり、青年将校たちは、天皇を利用して国民を支配する体制から天皇を救い出し、真に「平等」な社会を実現するための象徴として位置づけ直そうとしたのです。

こうした考え方を強く唱えたのは北一輝でしたが、北は「二・二六事件」の首謀者として死刑になります。事件自体への直接の関与はなかったとされますが、二・二六事件は実際に北一輝が描いた「革命」の青写真に則ったものでした。陸軍の青年将校たちは、中隊一五〇〇人を率いて首相官邸や警視庁を制圧し、「万世一系たる天皇陛下御統帥の下に」新しい社会体制を採ることを求めました。それは天皇の判断次第では実際に国家体制を変える可能性をもつクーデタでした。青年将校たちには、そこまですれば後は天皇が、われわれ国民のために動いてくれるはずだという期待があったようです。しかし、現実の天皇は、青年将校たちの行動に激怒します。直ちに彼らを「反乱軍」と認定し、制圧する命令を下したといわれます。後の昭和天皇の回想によれば、慣例を逸して天皇本人が直接命令を下したのは、このときと敗戦決定のときだけということですので、事の大きさがうかがい知れます。

みなで天皇を信奉することでロック的な社会を乗り越え、真に「平等」な社会を作ろうとする試みは、こうして失敗しました。そこに直接ルソーの影響を見ることは困難ですが、それがロマン主義に彩られた行動であることは確認していただけると思います。財閥政治に奪われた天皇の「純粋さ」を信じ、それを取り戻しさえすれば、失われた「日本民族」の紐帯を復活できるはずだという感性は、まったくもってロマン主義的といえます。「日本人」が、その根源にもつものに立ち返ることで、真に「平等」な社会の実現を目指した青年将校たちの試みもまた、ロックに対するルソーの轍を辿るものだったのです。

日本のファシズム（2）：アジア主義

もう一点、アジア主義について見てみましょう。日本のファシズムを推進した人々は、単に「日本」という国にのみこだわっていたわけではありませんでした。実際、彼らはアジア各国の独立運動家たちと密接な連絡を取り合い、協力して植民地支配を退ける画策をしています。アジア人として初めてノーベル文学賞を受賞したインドのタゴールを日本に招いたのもそうした活動のひとつでしたし、インド独立運動家だったボースの亡命を受け入れて支援したのもそのためです。ボースはいまなおカレーで有名な「新宿中村屋」の婿養子に入ったことでも知られていますね。中国の孫文による辛亥革命には、先ほどの北一輝をはじめ様々な活動家が関わっていました。西洋の植民地支配からアジアを解放し、新たな世界秩序を作るということが、彼らの頭の中にははっきりと描かれていたのです。

今日、太平洋戦争にはアジア諸国を植民地から解放しようとする側面があったというと強い非難にさらされます。実際しばしば、そうした論理は戦争責任を回避するために使われるので怒りたくなる気持ちは分かります。しかし、日本のファシズムの問題点を明らかにするためにも、彼らの企図を正確に見積もることは重要なことだと思われます。実際、日本のファシストたちにとって、ロック的な社会の乗り越えのために「植民地解放」は非常に重要な主題でした。彼らがやろうとしたことが、実質的には「満州国」のような傀儡政権を作りアジアの覇権を得ることだったとしても「植民地解放」は、彼らの試みにとって、重要な意味をもっていたのです。

一九世紀における資本主義の急速な成長は多くの植民地を必要としました。自由主義者たちが奴隷解放を実現したことを考えると奇妙に思われる方もいらっしゃるかもしれませんが、それはおそらく「奴隷解放」と「植民地放棄」を混同していると思われます。自由主義者は、まさに自由経済を拡張する中で奴隷を解放し、植民地を必要としたのです。そのロジックをごく簡単に見ておきましょう。

アダム・スミス主義の経済学者たちは、分業論を発展させ「セイの法則」と呼ばれる理念を設定しました。それは「あらゆる商品はそれを作った段階ですでに売れていると考えていい」という若干奇妙なかたちで定式化されます。細かい議論は前述の拙著で書きましたので割愛しますが、これは「全体のことを考えず目の前の仕事に注力せよ」という分業論を経済法則に置き換えたものでした。「そんなことといっても実際物は売れ残るでしょ」という至極もっともな突っ込みに対するアダム・スミス主義者の反論が奮っています。いわく「そういうことをいうのはあなたが経済学をわかっていないからだ」というわけです。そして、そこでの経済学とは何かというところで、植民地主義が関わってくるのでした。

「セイの法則」の生みの親であるジャン＝バティスト・セイに対して、非主流派の経済学者シスモンディは、当時イギリスの輸出の主力商品であった毛織物がブラジルで大量に売れ残っている実例を示して批判しました。それに対してセイは鮮やかに反論してみせます。ブラジルに毛織物が売れ残っているのはなぜか。それはセイによれば、ブラジル人たちが毛織物を買うだけのお金をもっていないからだというのです。ある意味もっともな話です。だとすれば、毛織物が売れるために必要なことは、ブラジル人たちが毛織物を買えるほど働くことではないかとセイはいうのでした。しかし、そこでいわれる「お金をもつ」「働く」という言葉は、何を意味しているのでしょうか。ブラジル人が怠け者だから「お金」がないわけではありません。彼らは彼ら自身の共同体の中で物のやり取りを行い、それなりの経済活動をしています。しかし、そうした「経済活動」ではイギリスの毛織物を買うための「お金」は手に入りません。なぜなら、彼らの経済活動は「グローバル」な経済に接続していないからです。ですので、ブラジル人たちが「毛織物を買うだけのお金をもつ」ということは、実質的に、ブラジル人たちがイギリスに輸出する商品を生産することを意味します。ブラジル人たちが本当に毛織物を必要としているかどうかは分かりません。しかし、毛織物を売るという観点からすると、ブラジル人たちが「働く」ことが必要なのです。つまり、セイがいうように、ブラジル人たちが「働いて」「お金を得る」ようになりさえすれば、イギリスの毛織物が売れ残ることなどないというわけです。

実際、このセイの「予言」は当たりました。実際にブラジルでは、プランテーション農園によってイギリスに輸出するためのサトウキビを栽培しはじめたからです。その大農園の経営者はイギリスやヨーロッパからの入植者でしたが、働き手は現地の人々です。少し前の経済モデルであれば、労働力を買い叩くため、働き手に奴隷を用意した方が安上がりと考えられたかもしれません。しかし、「アダム・スミス主義者」のセイによれば、農園の働き手は「自由人」である必要があります。なぜなら、奴隷には購買力はありませんが、労働者は「自由」な存在として、イギリス製品を買うだけの財力をもちうるからです。社会全体、この場合にはブラジルの生産も取り込んだ経済圏全体で考えるならば、人々が可能な限り「自由」であるほうが、結果として全体の富の総量を増やすと期待されるのでした。こうして奴隷解放と植民地主義がまったく無矛盾なものとして同居することになります。分業制を徹底し自由経済を拡大するために、植民地を獲得して、経済圏を拡大していくことが不可欠と見なされたのでした。

ここまで来れば、植民地解放という主題が、資本主義社会の乗り越えと密接な関係をもつことはお分かりでしょう。実際、アジア各国の独立運動は、それぞれの文化に立ち戻り、自分たちの手で国を再建することを目指しました。マハトマ・ガンディーによる不服従運動が有名です。イギリスの綿製品を使わず伝統的な手法によるインド製品の着用を呼びかける「糸車の写真」は、よく知られています。「イギリス製品をボイコットし、伝統経済に帰れ」というのが、ガンディーの独立運動のメッセージでした。

日本ファシズムのアジア主義は、こうしたアジア各国の植民地解放運動と連携し、共闘してロック的な社会を乗り越えようとしました。孫文による辛亥革命は、アジアにはじめての「共和国」（＝中華民国）を成立させましたが、袁世凱の台頭によって日本が支援した孫文は失脚、満州事変を経て日中の対立は不可避になっていきました。インドの独立運動は、日本の支援を受けた「中村屋のボース」が設立したインド独立連盟を、ガンディーを師と仰ぐチャンドラ・ボース（中村屋のボースとは別人）が引き継ぎ、インド国民軍を結成します。インド国民軍は日本とは別に連合国と戦い、戦後インドの独立を準備しますが、その前に日本は敗戦を迎えたのでした。

こうして日本のファシズムのアジア主義は失敗しますが、仮に成功したとして「新しい社会」は実現したのでしょうか。各国の独立運動は、それぞれの文化に立ち戻ろうとしたわけですから、実際に西洋の植民地支配から解放された後、異なる国々の間で具体的にどのような協力関係が結ばれうるのか、よく分からないところもあります。あるいは、それらの国々はともに「かつてあった（はずの）自然」に立ち戻ろうとする感性を共有することで何らかの共同性を作ることができたのでしょうか。しかし、そのときの感性は、明確にロマン主義的なものという必要があるでしょう。各国の独立運動の間で共有された感性は、同じ「文化」に基づくものですらなく、「失われた何か」をともに追い求めることではじめて共同性を維持しうるものでした。もし仮に共闘が成功し、それぞれの「民族」へ立ち返って国々が植民地から解放されたならば、その後、彼の国々の間で共有しうるものはないように思われます。残されるのは各国の自民族中心主義で、やがて互いの利益の相反も表面化していくことでしょう。各国のルソー主義の帰結が、独裁政権を生まないとも限りません。歴史にｉｆを求めてみても、「アジア主義」の理想がルソー的悲劇の轍を越えることはできなかったように思われます。

実際の歴史を振り返っておきます。

一九三六年、二・二六事件を引き起こした陸軍の青年将校たちは、先述のように天皇の怒りを買い死刑になりました。しかしそれ以前に同様の思想に基づいて起こされたテロ、つまり、血盟団事件と五・一五事件の実行者たちは、二・二六事件の後、天皇から特赦を受けます。五・一五事件は、当時の首相犬養毅を含めた政財界の要人の暗殺を計画し、首相も実際に殺害したものでしたが、主犯格以外はそもそも懲役・禁錮一〜五年と軽い罰ですまされました。より重い刑を受けた主犯格もこのとき特赦を得たわけです。二・二六事件とのコントラストは鮮やかです。これは青年将校たちを「憂国の士」と見た民衆に配慮したものとされますが、財閥政治を採ってきた政治家が、もはや軍部の台頭を抑えられなくなった結果でもありました。血盟団事件と五・一五事件のグループは、その後近衛文麿のブレーンとして迎えられ、「大東亜共栄圏」の具体化を目指すことになります。

近衛文麿は、一九四〇年二度目の組閣に際して、軍部の動きと国内世論の盛り上がりを背景に「新体制」を立ち上げようとしました。ドイツ・イタリアにおけるファシズム政権の快進撃を前に、「バスに乗り遅れるな」とばかり「一党独裁」の体制を立ち上げようとしたのです。近衛自身は必ずしも開戦派ではなく、こうした一連の行動は、外交による和平を目指して国内政治の掌握を期したものともいわれます。しかし、その強硬策は結果としてアメリカとの外交ルートを閉ざし、あとは開戦の決断を東条英機に譲るだけのところまで日本を追い詰めました。日本のファシズムは、そうして責任の所在が不明確なまま、「理想の社会」を目指した戦争に突入していったのです。その後の展開はご存知の通り、日本は戦争に負け、アメリカの占領下に入ることになりました。

対立軸の捻れの発端：保守革命

ロック的な近代社会を乗り越えようとするルソー的な試みは、こうして様々なかたちで挫折します。ロマン主義、教養主義、スピリチュアリズム、マルクス主義、ファシズム等々、それらが近代の歴史において果たした役割と可能性、そして悲劇の度合いは様々でした。しかし、そこには常に、ロック的な社会に対するルソー的な反発がありました。近現代の歴史を二極で説明するというのは、いかにも乱暴な図式ではありますが、こうして縦のラインを切ることで見えてくることもあります。そのひとつが「右／左」という対立軸の捻れです。

ナチズムやファシズムは一般に「右派」あるいは「保守」と見なされます。「右」といわれるのは、それらが民族や伝統を重視し、自由主義に対立することに由来します。自由主義を「左」に見ての「右」です。しかし、マルクス主義に代表される「左派」もまた同様に、ロック的な近代社会を乗り越えようとするものでした。こちらは自由主義を「右」に「左」と位置づけられます。そうすると同じ自由主義が「右」でもあり「左」でもあるということになってしまいます。ここに「右／左」という政治的な対立軸の混乱がはじまっています。「右」「左」は事柄を示す言葉ではなく、相対的な位置を示すものに成り下がってしまうわけです。このように整理すると、問題の本質が見えなくなります。

先に見たようにフランス革命議会における「右／左」は、ロックとルソーの対立を示すものでした。「左」に急進的なルソー主義者たるロベスピエールが座し、それに対する穏健主義者たちが「右」に位置づけられたのです。ロック的な「自由」を実現しようとする一派は、貴族主義的な伝統を重んじる王党派とともに「右」に座っていました。

ナチズムやファシズムは、民族や伝統を掲げることで、王党派と同様の懐古主義的な視線をもっていると見なされます。それゆえに「右」あるいは「保守」といわれるわけです。しかし、そこに誤りがあります。ナチズムやファシズムにおける「民族」や「伝統」は、かつての王党派が守ろうとしたものとはまったく違います。同じように「伝統」を掲げるとはいえ、既得権益の保全とかつて実際に存在していた秩序の回復を目指した王党派と、民族・文化を基礎に新しく社会を作り直そうとする民族主義では、求めているものが違うのです。後者の「文化」は実体的に存在するもの／したものであるよりもむしろ、理念的に想定されるものでした。実際、ナチズムやファシズムに見られる民族主義は、自由主義的な社会に替わる新しい社会を急進的な仕方で求めます。そこには既得権益を守ろうとする保守的な姿勢はまったくありません。彼らのような立場を「革命的保守」と呼ぶこともありますが、そのようないい方は「保守」という言葉から意味を奪うものといわざるをえないでしょう。「急進的な保守」などということは、言葉を記号化し、特定の歴史的知識を背景にしないと理解できない文脈依存的なものにしてしまうのです。

　そのような無理をして、わざわざ事柄の本質を見失わせるような言葉を使う必要はどこにもないはずです。ナチズムやファシズムの民族主義が「かつてあった（はずの）もの」を求めるロマン主義的要素をもつことは明らかです。ルソー的な感性に基づいてロック的な社会を乗り越えようとする点において、ナチズムやファシズムは明確にロベスピエールと同じ立ち位置をとっているといえるのです。

　つまり、ファシズムやナチズムは「右」あるいは「保守」と呼ばれるべき運動ではなく、いわば「民族主義的急進派」と呼ばれるべきものだと思われます。つまり、それらはルソー的社会を目指すことにおいて「左」というべき運動でした。既存の言葉の使い方の置換までは要求しませんが、少なくとも本書では「右」という概念を、ロック主義的な保守を名指すためにとっておきたいと思います。マルクス主義的なルソーが社会進化論の果ての未来を目指すものだとすれば、民族主義的なルソーはかつてあったはずの過去を目指しました。しかし、それでも両者は、現在のロック的な社会を乗り越えようとする点において、同じ立ち位置をとっていたということができるのです。

もちろん、同じく「ロック的な社会の乗り越え」といっても「保守革命」を目指す勢力と「共産主義革命」を目指す人々の関係は、歴史的に非常に折り合いの悪いものでした。ヒトラーはマルクス主義を断固として排除しましたし、マルクス主義者は「保守革命」を標榜する人々を唾棄すべき輩と一蹴しました。しかし、それらの運動は、しばしば政治勢力として支持基盤を同じくするものでもあったのです。そして、まさにそうであるがゆえに、互いにその存在を否定しなければならない相手となりました。同一の支持基盤を争う「内ゲバ」と同じ論理です。もちろん、両者の差異を強調して区別を設けることはいくらでも可能です。また、事柄を細分化して見ることの重要性を蔑《ないがし》ろにしたいわけでもありません。しかし、区別することで歴史全体を見る視点が失われるならば、それは改められるべきだと思います。互いの対立ばかりに気を取られて総合的な視点を排除することが、今日の学問の批判性欠如の原因になっていると思われるからです。

ともあれ、われわれのいまを支える歴史において、ロックとルソーの思想のそれぞれの展開を見てきました。しかし、これらの出来事はなお歴史であって、いまのわれわれが生きる「この社会」とは距離があるように思われる方も多いと思います。「だから結局何なのだ」というわけです。しかし、「ロック／ルソー」という対立がいまの「この社会」の理解に効いてくるのは、まさにこれからです。このような対立を経て、第二次世界大戦後の社会は、どう変わっていったのでしょう。章をあらためて見ていきたいと思います。

第三章　いま社会で何が起きているのか
――ネオ・リベラリズムの「必然性」

フェーズⅢ

戦後国際秩序の成立：モンロー主義の普遍化

いまの社会に生きていれば誰でも漠然と「民主主義は善いものだ」という感覚をもっているように思います。しかし、民主主義が手放しで「善」と見なされるようになったのは、はっきりと第二次世界大戦後からです。われわれの感性はあまりにも「第二次世界大戦後の世界」に浸っているので、なかなかそのあたりのところを相対化するのは難しいですが、少なくとも歴史的に見て「民主主義（デモクラシー）＝デモス（大衆）＋クラシー（支配）」という言葉は、長いあいだ大衆による暴政の危険が付きまとう不安定な政体と考えられていました。しかし、第二次世界大戦後の世界において「民主主義」は一転して、絶対的な善と見なされるようになります。そこで一体何が起こったのか。その内実を見るためには、アメリカの歴史を遡る必要があります。

アメリカ合衆国の外交戦略で長らく基本方針とされてきたのは「モンロー・ドクトリン」と呼ばれるものでした。一八二三年第五代大統領ジェームス・モンローは、アメリカ大陸とヨーロッパ諸国の間の相互不干渉を求めます。これはつまり、ヨーロッパ諸国に対するアメリカの自衛権を主張するものでした。ヨーロッパで展開される様々な戦争のどちら側にも加担しないことを条件に、アメリカ大陸での植民地拡大の抑制を求めたのです。

このモンロー・ドクトリンが単に「アメリカ合衆国」への不干渉を求めるものであったならば、話はそれほどややこしくはありません。「永世中立国」を宣言して自国を紛争から守る方法は今日のスイスでも有名ですし、それは慣習的に国際法として認識されてきたものでした。

しかし、アメリカ合衆国によるモンロー・ドクトリンは違いました。それは、アメリカ大陸の全土、つまり南アメリカを含む自国以外の他の多くの国々を巻き込んだ「アメリカ」への不干渉を求めたものだったのです。その点において、モンロー主義は最初から複雑な問題を含むことになります。

一七七六年のアメリカ独立宣言を皮切りに、アメリカ大陸の国々は相次いで独立を果たしました。一八〇四年にハイチがフランスから独立、一八一一年にベネズエラとパラグアイがスペインから、一八一六年にアルゼンチンがスペインから、一八一八年にチリがスペインから、一八二一年にメキシコ、ペルー、グァテマラがスペインから、一八二二年にブラジルがポルトガルから独立します。一八二三年の「モンロー・ドクトリン」は、つまりアメリカ大陸の諸国がヨーロッパの植民地支配からほぼ独立し切った段階で出されたものだったのです。モンロー・ドクトリンは、つまり、ヨーロッパ諸国による「アメリカ大陸」の再植民地化を防ぐ目的で示されたものでした。一定の軍事力を背景に、アメリカ合衆国が「アメリカ大陸全土」の安全保障を担うことが企図されたのです。

しかしそこでは当然、アメリカ合衆国と他のアメリカの国々との関係が問題になります。それぞれの国は独立した国家であるため、様々な事柄の決定権はもちろん各国にあるはずです。つまり、各国はそれぞれに「自由」に自分たちのことを決める権利をもっているのです。しかしアメリカ合衆国は、各国は「自由」であるからこそ、合衆国と同じように「民主主義」を採用し、合衆国と同じ考えをもつはずだと考えました。しかし、当時のヨーロッパはちょうど一八一五年に神聖同盟が結ばれたばかりで、自由主義が敵対視される流れがありました。ですので、いまのわれわれの感覚を「当たり前」として、このアメリカの主張に同意することはできません。自由主義はまだ旧来の勢力に対する完全な勝利を獲得していませんでした。

それでもしかし、モンローは「わが中南米の仲間たちが、放っておけばひとりでに神聖同盟諸国の政治組織を採用するであろうなどと信じる人は一人もいない」と断言しました。そしてその限りで、中南米諸国は「自由」に任せられるというのです。「当事者自身に任せることが依然として合衆国の真の政策だ」というわけです。

しかし、当然のことながら、自然に任せておけば必ず中南米諸国が合衆国の期待に応えるわけではありません。「期待」の背景には、アメリカの軍事力を背景にした安全保障の枠組みが存在し、中南米諸国が「期待」に応えざるをえない状況がありました。アメリカ合衆国もまた、単に「期待」を表明するだけでなく、積極的に中南米諸国の政治・経済に干渉していきます。

その最も分かりやすい例は、パナマ運河建設に際してのアメリカの介入でしょう。パナマ運河の建設予定地は当時、コロンビア共和国に属していました。しかし、コロンビア共和国の議会はパナマ運河建設案を否決します。その報を受けて合衆国はただちにパナマ地域だけを「パナマ共和国」として独立させました。そして、パナマ共和国の憲法に「公共の平和および憲法の秩序を回復するためにアメリカ合衆国政府が介入できる」ことを書き込ませ、パナマ運河一帯の主権を合衆国に永久に譲渡させたのです。「民主主義」の基礎になる憲法を「当事者たち」の手によって、しかし、最終的には合衆国の利益になるように制定させるという手法がここに示されています。他国を植民地化することなく実質的支配下に置く方法をアメリカ合衆国は、およそ一世紀かけて中南米諸国を相手に洗練させていったのでした。

モンロー・ドクトリンは、こうして、国際警察力としてのアメリカの役割を示すものになっていきます。一九〇四年のセオドア・ルーズベルトの年次教書には「国際警察力」としてのモンロー・ドクトリンの役割がはっきりと示されています。「〔民主主義を基礎とした〕文明社会の絆に全般的な弛緩を生じさせる慢性的な非行ないし無能力は、アメリカ大陸であれ、ほかのいずこであれ、最終的には、いずれかの文明国による干渉を必要ならしめるであろう。そして西半球においては、モンロー主義を信奉する合衆国としては、そのような非行ないし無能力のはなはだしい事例に際して、ためらいつつではあるが、国際警察力の行使を余儀なくされるであろう」。お分かりでしょうか。ここでは「民主主義」に逆行するような行為に対してアメリカ合衆国が「国際警察力」を発揮すると明示的に語られています。これは外交史において「モンロー・ドクトリンのルーズベルト的拡張」と呼ばれるものですが、それはアメリカ合衆国が「正義をおこなう能力ないし意欲」をもたない国々に積極的に介入する権利を主張するものだったのです。

このモンロー・ドクトリンのルーズベルト的拡張が「タカ派的」(あるいは後の議論を先取りすることになりますが「ロック的」)とすれば、「ハト派的」(あるいは同様にルソー的)な拡張もあります。第一次世界大戦後「国際連盟」の設立を提案したウィルソン大統領による拡張です。ウィルソンは同じモンロー・ドクトリンを「民主主義」を採用する国家間での「相互不干渉」の原則と解釈したのでした。

合衆国の直接的な介入による国際秩序の維持は、大きなコストがかかる割にメリットが少ないというのが、ルーズベルトに対するウィルソンの考え方でした。一定程度「民主主義」が実現した国家には、直接的な介入を継続するよりも領土の保全と政治的独立を認めて、経済的な協力関係を結ぶ方が結果的に合衆国の利益が増大するというロジックです。「民主主義」と「自由経済」をセットにした上で、「モンロー主義」を世界各国の外交基本戦略として普遍化すれば、世界の「平和」と経済発展の両方を得られるではないかというのがウィルソンの理想主義だったのです。「私が提案しているのは、いわば諸国が一致してモンロー大統領のドクトリンを世界の原則として承認することなのである。いかなる国も他の国家や民族に自らの体制を拡張しようとしてはならず、すべての民族は強い者も弱い者も自らの政体、自らの発展を妨害、脅威、脅迫にあうことなしに自由に決定しうるべきであるという原則を。〔中略〕それは人類の原則であり、広くゆきわたらねばならない」(「ヨーロッパにおける平和の基本条件」)。このウィルソンの考え方がやがて、いまのわれわれが知る「国際連合」の理念になっていきました。

セオドア・ルーズベルトの「モンロー主義」とウィルソンの「モンロー主義」は、明確に対立しています。ルーズベルトがあくまで合衆国の権利を求めるのに対して、ウィルソンは「民主主義」の諸国を合衆国の直接的なコントロールから外すことが結果的に合衆国を含めた世界の利益になるといっているからです。実際、この二人は同時代にまさにその点で鋭く政治的に対立しました。また、「民主主義」の浸透が世界に繁栄をもたらすというウィルソンの「理想主義」は、その後のアメリカの外交史においても常に「現実主義者」の側から批判される対象となります。

しかし、第二次世界大戦後の世界は、原理的に対立するように見える二つの「モンロー主義」がときにバランスを崩しながらも同居して展開している事実に目を向ける必要があるでしょう。例えば、現代のアメリカのある政治学者によれば、第二次世界大戦後の世界において様々な国家を民主主義化していくことは、単に理想主義的な理念の追求である以上に、現実的な利益をアメリカにもたらしたといわれます（G・ジョン・アイケンベリー「米国のリベラル・グランド・ストラテジー」『アメリカによる民主主義の推進：なぜその理念にこだわるのか』）。諸国の民主主義化が自由貿易と開放経済を伴う場合には、ウィルソンのモンロー主義は単なる理想ではなく実質的な経済的利益をアメリカにもたらすものになっているというわけです。

しかし、そのような秩序が維持されるためには「ためらいつつではあるが、国際警察力を行使する」というルーズベルトの「モンロー主義」がしっかりと実行されていることが前提です。ウィルソンの理想主義が「理想」として維持されるためには、各国が「民主主義」を導入し、さらに「自由経済」に開放される必要があるのです。

少し考えてみれば明らかなはずなのですが、民主主義というのは必ずしも自由経済の採用を含意しません。例えば分かりやすいところでいえば、一九七九年のイラン革命後に誕生した「イラン・イスラーム共和国」は、普通選挙を行い、基本的人権と民主主義を憲法に謳う国ですが、同じ憲法に「すべての法律や規則はイスラーム教の原理に基づく」という条文をもっています。いわゆるイスラム原理主義と呼ばれる国は、民主主義国家なのです。しかし、この国は自由経済を採りません。経済運営も、国や「ボンヤード」と呼ばれるイスラム原理に基づいた半官半民の組織が大きな割合を占め、アメリカが期待する「自由経済」は採用しない方針を貫いています。アメリカは、この「民主主義国」を「テロ支援国家」と認定して国交断絶しているのでした。

もちろん、「テロ支援」と呼びうるものが実際その国にないと断言できるわけではありません。しかし、イランとアメリカの敵対関係の歴史は、アメリカのイランに対する「テロ支援」にはじまっています。一九七九年に「民主主義国家」ができるよりも前、実はイランでは民主化が起きていたのですが、アメリカはその民主化政権に対するテロを支援、独裁国家を樹立させます。モサデク政権が、イギリス企業に独占されていた国内の石油資源の国有化をはかったからでした。そのクーデタによって成立した親米派の独裁政権は、イラン革命が起こる一九七九年まで続きます。このアメリカの介入については二〇〇九年にオバマ大統領が公式に認め、その後CIAの資料も公開されていますので、歴史的に確認された事実といえます。アメリカは「自由主義」を採らない民主主義国家は独裁政権よりも「悪」と見なしたのです。

このように見れば、アメリカの「民主主義」が、原理的に対立する二つのモンロー主義の同居としてはじめて成立していることが分かります。アメリカが期待するような自由経済と一体になった「民主主義」を実現するためには、セオドア・ルーズベルトのモンロー主義、すなわち積極的な国際警察力の発動は不可欠です。介入がなければ、いつでも自然にアメリカが望む政治体制を他の国が採るとはかぎらないのです。そしてアメリカには、その介入の権利があるとルーズベルト大統領はいっていたのでした。

しかし、他方でウィルソンのモンロー主義が掲げる「民主主義」の理想がなければ、アメリカの言い分は単なる軍事力を背景にした「横暴」にしかならないでしょう。アメリカの期待する自由経済と一体になった「民主主義」が、「相互不干渉」を原理とした独立国家の国際協調を実現しているという理念がなければ、アメリカによる戦後秩序は成立しないのです。

対立する二つのモンロー主義は、こうして矛盾を含みながら同居することにおいて、戦後の国際秩序を形成していると考えられるのでした。

国際連合とアメリカ

こうした対立は、アメリカの国連に対する態度にはっきりと現れているということができるでしょう。というのも、戦後の世界秩序を支える国際連合を作ったのはアメリカですが、現状おそらくは最も強硬に国連に対立している国もまたアメリカだからです。そのあたりの事情を少し立ち入って検討しておきます。

国際連合は、第二次世界大戦中にアメリカのフランクリン・ルーズベルト大統領とイギリスのチャーチル首相の間で合意した「大西洋憲章」の理念を基礎にするものでした。その理念は、第一次世界大戦終了時、ウィルソン大統領が示した「一四ヵ条の原則」を受け継いでいます。両者はともに、自由経済の理念を確認する一方で（「一四ヵ条の原則」第三条、「大西洋憲章」第四条）、いわゆる「民族自決」と呼ばれる原則を示したのでした（「一四ヵ条の原則」第五条ほか、「大西洋憲章」第三条ほか）。「民族自決」とは「すべての民族がみずからの政治体制を選択し、そのもとで生活権利をもつ」ということです。第二次世界大戦後、それまで残されていた植民地のすべてが手放されるようになったのは、まさにこの原則にしたがった結果でした。

先に見たように、一九世紀ヨーロッパの自由主義は「奴隷解放」は推進しても「植民地解放」は拒否する政策を採りました。植民地を獲得して市場を拡大することは、分業を徹底して資本主義化を進めるために不可欠なものと見なされたのです。しかし、考えてみれば、自由経済市場を確保するために、植民地という形態を取り続ける必要はどこにもありません。ウィルソンがいうように、距離を隔てて異なる民族を統治するのは大きなコストもかかりますし、現地の人々の不満もたまります。加えて、共産主義やファシズムなど、不満を梃子に資本主義社会の転覆を図る試みが実際に世界秩序を脅かすものとして突きつけられました。大きなリスクのある中で植民地運営をすることの目的が、現地の人々の購買力増加であるならば、わざわざ直接的に統治する必要もない。植民地を抱えていた諸国がそのように考えたかどうかは分かりません。実際には当初、ヨーロッパ諸国はアメリカの提案に難色を示しました。しかし、アメリカはその懸念を払拭しうる実例を示すことができました。一九世紀のアメリカは「モンロー主義」のもと中南米諸国を相手に実際にその新しい制御方法を実践し、成功した実績をもっていたのです。「民族自決」が自由経済と一体で推進されるならば、植民地支配にこだわる理由は存在しません。ヨーロッパ諸国もまた、二つのモンロー主義を真似るかたちで、「国際警察力」としてのアメリカに支持を与えながら、実際に植民地を手放していきました。

二つのモンロー主義の併用は、括弧付きとはいえ戦後の「平和」をもたらしたのですから、特に批判すべきものでもないかもしれません。ひとつの国際政治の手法としてある種の優れた技術という可能性もあるでしょう。その評価はここでは控えます。それでもしかし、うまくいっているように見える同居の中で、内在的な対立が不可避の矛盾として存在し続けていることは見る必要があります。

アメリカにとって、その矛盾が顕著に現れるのが、国連に対する態度だと思われます。国連はウィルソンの理念によって作られました。戦後の国際秩序はそうして国連が中心になりますが、アメリカはそこでもう一方のモンロー主義を十分に機能させることができなくなっていきました。国連安全保障理事会を例外として、アメリカは国連組織において十分な利益を得られず、やがて脱退さえ考えるようになっていったのです。

一九七七年のアメリカの国際労働機関（ＩＬＯ）脱退は、短期間ですぐ一九八〇年に復帰しました。しかし、一九八四年からのユネスコ脱退は二〇〇三年に復帰するまで二〇年のブランクがありました。さらに二〇一七年には二度目の脱退を宣言しています。また、二〇一八年に国連人権理事会からアメリカが脱退を表明したことは記憶に新しいところだと思います。そもそもアメリカは、国連が加盟各国に批准を勧める「国際人権規約」のうち「社会権」にあたるものを批准していません。つまり、「人間の権利」の部分でもアメリカはロック的な権利は認めても、ルソー的な権利は認めないという立場を採っているのでした。

国連はそもそも理念として各国を「平等」に扱いますので、アメリカだけが特別視されることはありません。安全保障理事会では常任理事国に拒否権があり、大国に有利に運営できます。しかし、それ以外の機関では特に経済規模などに応じて各国の票に重みが加えられるわけではありません。それゆえ、国連内部での議論でも、アメリカの軍事介入やイスラエルのパレスチナ問題など、他の国々に対する了解が得づらい問題であればあるほど、アメリカは孤立していく傾向を強めることになるわけです。金銭負担の割にメリットがないとして国内の保守派を中心に国連脱退論がアメリカで強まる背景には、そうした理念と実利の間の矛盾があります。アメリカ自身が内部に矛盾を抱えているのです。

「リベラル」対「保守」

国連脱退論の主唱者を「保守派」といいましたが、モンロー主義における理念と実利との対立は、アメリカにおいて「リベラル」と「保守」という二つの政治勢力の対立に重なります。それは実際、セオドア・ルーズベルトとウィルソンの政治的立場を示すものでした。アメリカという国はこの「リベラル」と「保守」に二分されています。そしてその分割の背景に、再びロックとルソーの対立を見ることができるのです。

「リベラル」というのは、文字通りに訳せば「自由主義的」を意味します。ですから一見するところ、われわれがこれまで見てきた自由主義（＝リベラリズム）に関係するように思われます。それは実際そうなのですが、しかし、「リベラル」の立場はアメリカにおいて自由主義に対立するものとして現れました。それは、「ニュー・リベラリズム」という当時の新しい思想を背景に生まれてきたものだったのです。一九世紀の過度な労働者の貧困は、自由主義の中から自由主義を批判する言説を生み出します。「ニュー・リベラリズム」はそれまでの自由主義を乗り越えるものとして展開されてきたのです。その批判の枠組みは、やはりルソーから引き継がれたものでした。

ニュー・リベラリズムは、イギリスにおける「理想主義」から生まれますが、その成立には、ロマン主義の影響がありました。例えば、ジョン＝スチュアート・ミルは、ジェームス・ミルという急進的自由主義者を父にもち、ベンサムの功利主義を子どもの頃から叩き込まれた経済学者・思想家でした。次世代の自由主義のリーダーたるべく教育されたミルでしたが、しかし、一定の成功を見た後に精神的な危機に陥ります。その危機の中で傾倒していったのが、ロマン主義だったのです。ハリエット・テイラーとの恋愛、女性解放運動などとの関わりにおいて、ミルは次第に立場を理想主義へと転換していきました。理想主義において「自由」は、束縛から解放されることを意味しません。過度な自由放任主義が引き起こした格差の拡大は、何度か確認したように、一九世紀イギリスにおいて悲惨な状況になっていました。新しい「自由主義」、すなわちニュー・リベラリズムが目指すべき「自由」とは、「教養」を身につけ、人格を養うことによって獲得されるといわれました。そこに「教養主義」の影響があることは、明らかです。実際にイギリス理想主義の思想家は、ドイツの教養主義を取り入れることで、「自由主義」を改革したのでした。

そこで使われる「自由」という言葉の内実が、ロック的な「自由」を離れて、ルソー的な意味での「自由」になっていることはお分かりだと思います。社会的な規範を身につけることではじめて人は「自由」になるという考え方の原型は、ルソーの社会契約論にありました。ニュー・リベラリズムの思想家は、まさにロック的な自由主義を乗り越えるために、ルソー的な自由主義を唱えたのです。

このニュー・リベラリズムの思想が、ホブソンやマーシャルの経済学に取り入れられ、ケインズ経済学に流れ込みます。ケインズ自身を思想的な意味での「ニュー・リベラリズム」に数えるかどうかは議論が分かれるところですが、しかし少なくともその影響関係は明らかにされています。ケインズ経済学は、ごく簡単なイメージだけでいえば、自由放任経済を批判し、「ニューディール政策」に象徴される国家の介入の必要を訴えるものでした。それまでの自由主義の理論は、失業や不況は単に過渡的なもので市場が円滑に機能すれば解消されるという信仰を頑なまでに守っていました。ケインズはそれを信仰にすぎないと批判し、不況が発生する構造を経済学的に解明します。不況は投資が停滞することで起こるのだから、それを解消するためには国が率先して投資を行い、経済の明るい未来を描かなければならない。そうした理念に基づいて、政府による公共投資の必要性が訴えられたのです。

国家が積極的に経済に関わるためにはその分の税金が必要ですから、旧来の自由主義を信奉する立場からすると、こうした政策の推進は共産主義の「計画経済」を思い起こさせるものになります。もちろん、実際にはそれをソビエト政府が実施したような計画経済と理解するのは明らかな行き過ぎです。しかし、ロック的な「自由」の侵害という一点において、対立は調停不能なものになっています。「ニューディーラー」という名前は、反対派からほとんど「共産主義者」と同じ意味で使われ、彼らの一部は実際に戦後アメリカの「赤狩り（＝マッカーシズム）」において「ソ連のスパイ」と糾弾されました。

しかし、今日アメリカで「リベラル」と呼ばれる政治勢力は、まさにその「ニューディーラー」を中心に作られます。ケインズ主義的な経済介入は一九七〇年代に入ってその効果が疑われはじめるまで根強い支持を獲得し「リベラル」な政治勢力の基盤になったのです。国際連盟を提案したウィルソンも、それを継承して大西洋憲章に合意したフランクリン・ルーズベルトも、ともに「リベラル」を代表する民主党の政治家でした。対立する二つのモンロー主義のうち、理想的な面を代表するのが「リベラル」だったのです。

他方の「保守派」は、アメリカが建国以来保持してきた自由主義の理念を重視します。南西部の田舎の企業家たちを中心とした「開拓者精神」の継承者と、東部の都会の金融街を中心とした現実主義者たちが支持の中核になっています。両者は異なるバックグラウンドをもつグループで保守派共和党の中でも個々の政策レベルでときに対立しますが、自由放任主義を第一に考えることにおいて一致します。前者の自由主義が幾分か観念的に「アメリカらしさ」を重視する立場であるのに対して、後者は自由経済が一体となった民主主義から現実的な利益を得ようとします。国際警察力を発動して「強いアメリカ」を世界に示し、そこから経済的利益を得ることとは、こうして共和党支持層の二つのグループの両方の歓心を得ることになるわけです。二つの対立するモンロー主義のうち、セオドア・ルーズベルトの現実主義は、こうしたアメリカの保守層によって支持されるものでした。

このように見れば、アメリカにおける「リベラル」と「保守」の対立が、原理的に対立する二つのモンロー主義の両翼を表すものであることがお分かりになると思います。両者の陣営は、二つのアメリカといっていいほど、はっきりと対立しています。そしてその対立は、ロックとルソーという異なる二つの社会の理想を反映しています。彼らは異なる意味で「自由」という言葉を使い、異なる意味で「平等」を語っているのです。近代の歴史の展開の軸となった対立は、こうして現代まで続く戦後秩序の中で同居し、内在的な矛盾となりました。

「戦後民主主義」におけるリベラルと保守の相互依存

しかし、これらの二つの異なる立場は「戦後民主主義」の枠組みの中で相互に依存する関係にありました。世界的な「民主主義」の浸透によって植民地支配のない民族自決の国際社会が成立するという理想がなければ、国際警察力としてアメリカの介入はその大義を失います。しかし、それが単なる理想だけで経済的な利益を伴うものでなければ、高すぎるコストを払うことに対して国内世論の承認を得ることができなくなるでしょう。ルソー的な意味での「自由」と「平等」は、経済的な基盤があってはじめて成立するものだったのです。

リベラルと保守の相補関係は、国内政治の文脈でも見られます。「戦後民主主義」の枠組みにおいては、ロックとルソーの対立は国家の形態を争うのではなく、同じ「民主主義」の枠組みで争われました。リベラル派は、貧困を克服するために公共福祉政策を要求し、資本主義的な社会の中でルソー的な意味の「平等」の実現を図ることになったのです。

そうしたロックとルソーの同居こそが「戦後民主主義」と呼ばれるものの本質をなしていると思われます。何度か見たように、世界ではじめて社会権が認められたのは、ヴァイマル憲法で、日本も戦後から、その社会権と国民主権を憲法に取り入れています。これらはともにルソーの社会契約論で求められていたものでした。いまのわれわれが生きる「この社会」は、この憲法下で構成されていますので、この体制はあまりにも「当たり前」にされすぎています。しかし、われわれがいま生きている「この社会」は、「民主主義」の完成形態でもなければ、それ以前からの発展ですらありません。われわれは漠然と「戦後民主主義」の体制を、それまでの民主主義の不完全さを乗り越えるものと位置づけ、これを維持することを「当たり前」と見なしています。しかし、そのことについて、しっかりとした根拠が与えられることはあまりありません。確かに「戦後民主主義」の体制は、高度経済成長を実現しました。その間の労働者の生活の向上は、目を瞠るばかりです。しかし、それがいかに「成功」したものだからといって、そこに内在する根本的な矛盾を看過することはできません。これまでが「よかった」からといって、同じ体制を取り続けて「これからも同様」というわけにはいかないのです。そしてすでにその綻《ほころ》びがそこかしこに現れています。「この社会」の構造を正確に見据えるためには、既存の価値観を前提にせず、事柄を本質に即して考える必要があるのです。

いまの社会での「当たり前」をいったん宙吊りにすることで、反対に、なぜ対立する二つの理念がひとつの体制に同居しえたのかと問う余地も生まれます。そうすることで、「当たり前」のヴェールで見えずにいた「この社会」の実際の有り様が見えてきます。ロックとルソーという対立する理念が、どうして「戦後民主主義」の枠組みの中で同居しえたのでしょうか。考えてみたいと思います。

保守的な自由主義の陣営が、対立するリベラルな勢力を同一の体制内に受け入れたのは、理由がありました。もちろん、共産主義国家が成立していく過程でアメリカでも「赤狩り」のような動きが展開される場面もありました。そこでは、マルクス主義者だけでなく、リベラル派も含めた国内の左派勢力を糾弾するキャンペーンが展開されました。その「行き過ぎ」とリベラル派の盛り返しもあって、アメリカでは現在のような政治の均衡が保たれています。しかし、そうした事態を保守派が部分的にでも容認しえたのは、リベラル派の経済政策が一定の成果を見たからだということができるでしょう。

ニュー・リベラリズムの流れは、労働者に対する福利厚生の充実が、結果として経済成長をもたらすことを示しました。保守的な自由主義の枠組みでは、労働者と資本家が十分に円滑な「交換」の中で互いに「自由」な取引をすれば経済が発展すると考えられました。ただし、そこからは、企業が賃金以外の部分で労働者の生活を支えるという考え方は出てきません。労働環境の改善要求や賃金の団体交渉などといった労働組合の活動も、自由主義によれば、存在理由すらよく分からないものだったといえるでしょう。

しかし、「戦後民主主義」が成功していた時期は、労働者の一律の賃金上昇が、社会全体の経済成長を促進させる効果をもちました。労働者の貧困を放置し、資本主義社会自体を覆そうとする運動を生み出すよりも、労働者の環境を改善し、彼らに「消費者」として十分な購買力を与える方が、経済としてより大きな発展を期待することができたのです。社会不安をなくし失業率を下げるような国家の福祉政策も、それが結果として経済成長をもたらす限りにおいて、保守派の反発を回避することができました。リベラルと保守の間の理念的な対立自体は解消しなくても、経済が全体として上手く行っている限りにおいて、幸せな同居関係が実現できたのです。急進的な労働運動や共産主義へと傾く動きに対しては強い警戒を維持しつつ、労働者階級を生活基盤ごと市場に取り込む福祉政策を実施することで、「戦後民主主義」の体制は、経済発展と労働者の生活向上を同時に実現することができました。

しかし、そうしたリベラルと保守の幸せな同居関係は、高度経済成長の終焉とともに急速に冷え込んでいきます。金の切れ目が縁の切れ目ではないですが、経済成長の鈍化の中で両者の対立が再び浮き彫りになっていきました。それまで多少の出費にも目を塞げていた社会保障のコストは、経済システム自体の存続を危ぶませるものになっていきます。リベラル派の高福祉政策は一九七〇年代からの不況を前に強い批判にさらされるようになっていったのです。その中で台頭してきたのが「ネオ・リベラリズム」でした。一九八〇年代以降、リベラルな勢力が退潮し、世界は急速に「保守化」します。さらに新しい「リベラリズム（＝ネオ・リベラリズム）」が「ニュー・リベラリズム」の批判者として現れてきたのです。「この社会」でいま、何が起こっているのか。いよいよ問題は核心に近づいてきました。

フェーズⅣ

ネオ・リベラリズムとは何か

一九八〇年代に入るとリベラルな勢力を批判する言説が大きな力を得るようになります。いわゆるネオ・リベラリズムの台頭と呼ばれるものです。しかし、ネオ・リベラリズムという言葉の意味は論者によってかなり揺れていて一貫した定義がありません。大まかに市場原理主義への立ち返りという点では一致しているものの、「新保守主義（＝ネオ・コンサバティズム／ネオコン）」と区別がなされていない言説も多くあります。「ネオリベ」と突き放した言い方がなされる場合には、単にリベラルの側からの悪口としてほとんど無定義に使われたりするようです。

しかし、「ネオ・リベラリズム」の定義は、ある意味ではっきりしています。というのも、「ネオ・リベラリズム」という名称は、少なくとも一九八〇年代、その勢力が政治的な力をもちはじめた時代には、リベラル陣営の自己批判として語られるものだったからです。例えば、一九八二年九月五日のワシントン・ポストに「ネオ・リベラリズム宣言」と題された記事が書かれていますが、それは従来のリベラル派を批判するリベラル陣営の新世代を紹介するものでした。そこでは、ネオ・リベラリズムを代表する論客として、ポール・ソンガスの名前が挙げられているのです。早逝したため、あまり名前が知られていませんが、ソンガスは、民主党の上院議員で、ビル・クリントンと大統領候補選を争うほどの大物でした。「私が考えるには、民主党の統治が終わった（＝共和党のレーガンに政権を譲った）原因は、ひとつです。すなわち、現実は政治理論に合致するようには曲げられないということです。一九八〇年の民主党綱領の主要部分は、一九三〇年代と一九六〇年代の現実を反映するもので、決して一九七〇年代の現実を反映するものではなかったのです」

(『ここから進むべき道』一九八一年)。高度成長期の「成功」を錦の御旗としてリベラルの理念を振りかざす時代は終わったとソンガスはいいます。リベラルは「消費者の味方」としてガソリン税の値上げに反対するが、それは結局、経済の長期的な問題から目を背けることでしかない。労働組合は賃金を上げることにばかり関心をもつが、それによって長期的な生産性の低下と競争の敗退を招いてしまった。一九七〇年代の不況をきちんと見据えた上で、民主党は、それに対応した経済政策を採らなければならないとソンガスは訴えたのです。その主張は、ほとんど保守派のものと変わりません。しかし、こうした主張がリベラル陣営の中から展開され、リベラル陣営の中で一定の支持を得たということが重要です。「新しいリベラリズム」は、リベラル陣営の自己批判として出てきているのです。ビル・クリントン政権(一九九三~二〇〇一)は、その中で「リベラルと保守の対立を乗り越える」と訴え成立しました。しかし、クリントンも、その後実現した民主党政権も、今日に至る保守化の流れを止めることはできなかったのです。

公共性の構造転換?

もちろん、具体的な政治の場面では、一概に「保守化」と割り切れないような事例を挙げることはできるでしょう。しかし、本書が問題にしているのは、個別の事例ではなく全体の構造の変遷です。その点をより詳しく見るために、別な角度から考えてみます。「公共性の構造転換」という問題です。

「公共性の構造転換」というのは、いまなお「リベラル」の側の代表的な理論家といえるユルゲン・ハーバーマスの最初期の代表作のタイトルです。ハーバーマスは、この本で鋭い切り口で近代社会の構造を浮き彫りにしてみせました。しかし、そこからハーバーマスが期待するリベラル派の擁護を帰結するのは難しいように思われます。保守派の台頭の構造的な必然性を見るために、その点、少しだけ立ち入って見てみたいと思います。

「公共性の構造転換」というのは、ごく簡単にいって、近代社会が想定していた「公共性」は、いつの間にかまったく違う「公共性」に取って代わられてしまったという議論です。近代の民主主義は古代ギリシアの民主制をひとつのモデルとします。市民は、公共空間に集って意見を出し合い、そこで決まったことを国の方針にする。自由人が「アゴラ(広場)」に集まって議論した古代ギリシアの都市国家が民主主義のあるべきモデルと見なされました。

古代ギリシアの都市国家であればそれほど人口も多くありませんでしたので、「自由人」が全員広場に集まって議論することもできたでしょう。しかし、近代国家ではそうはいきません。ですので、意見を出し合う「公共空間」は、メディアに託されることになります。近代の初期に市民がパブリック・オピニオンを表明する手段として用いたのは「新聞」でした。各地の「コーヒーハウス」(つまりは「喫茶店」ですがいまの社会で理解される「喫茶店」とはちょっとイメージが違うかもしれません)では、新聞を持ち寄って市民が議論し、そこで議論された内容がさらに新聞に投稿されたりすることで「公共空間」が実現されたというわけです。

しかし、そのように、市民が政策を議論し合うような「公共空間」は、いつの間にか失われてしまったとハーバーマスはいいます。これは実際にわれわれを取り巻く日常を見てもお分かりになると思うのですが、現実に市民がこのような議論をする時間はありません。もちろん、公共的な議論に時間を割いて市民社会の実現を目指している人はいると思います。しかし、「プロ市民」という少しく偏見の混じった言葉があるように、多くの人々は企業などに勤めてお金を稼ぐことに生活の大部分の時間を取られます。そういったことを無視して「公共空間」に参加する人は、それなりの政治的な動機があるに違いないというのが、「外側」にいる人々のひとつの見方になっているわけです。つまり、近代社会が最初に想定していた「公共性」は、初期には機能していたはずなのに、いつの間にかなくなってしまったというのが、少し雑ではありますが、ハーバーマスが指摘したことの骨子になります。

代わりに台頭してきたのが、消費社会的な「公共性」です。今日でもなお人々はメディアを介して「公共空間」に関わっていますが、その関わり方は主に「消費者」としての関わりです。新聞をはじめとしたメディアも次第に商業主義に転化し、「売れるもの」を紙面に採用するようになります。人々がメディアに期待するものも、「パブリック・オピニオン」の議論というよりも娯楽的な側面が強いものになりました。消費者に消費行動を促す「広告」が経済的に大きな意義をもつようになるにつれて、メディアの運営は広告収入を基盤とするものになっていきます。こうして成立した新しい「公共空間」においては、イメージを操作することが重要な要素となっていったのでした。

ハーバーマスの議論は、その「公共空間」のイメージが企業や政治家によってコントロールされる側面が強調されていますが、あえて敷衍《ふえん》すれば、それは消費者が消費者として介入しうるものでもあるでしょう。企業や政治家もまたその「イメージ」に左右されるわけで、例えば「クレームを入れる」「分かりにくいと批判する」「失望したので応援しないと表明する」などといった行動によって「共感」の輪を広げ、消費者としての権力を振るうことができます。現代のわれわれは、市民的な言説によって政治に介入するよりもむしろ、「消費者」という匿名の集団の一員として「公共空間」に参加しているというわけです。「そんなことをしていると消費者にそっぽを向かれることになるぞ」というのが市場原理を介した実際的な権力となっているということですね。

こうした現状を前にハーバーマスは、民主主義の最初の理念に立ち返り、もう一度みなで議論し合う「公共性」を取り戻そうとします。理性的なコミュニケーションでしっかりと話し合う公共空間を再構築することが重要だと「リベラル」な主張を展開するわけです。しかし、待ってください。そのような民主主義の理念は、歴史上実現できたことがあったでしょうか。かつて存在していたとされるコーヒーハウスの民主主義は、自由主義的熱狂を背景とするものでした。封建的な社会制度を改革し、私的所有に基づくロック的な社会を実現するための熱狂が「公共空間」の形成を後押ししたのです。

その結果実現したものがロック的な社会であり、そこに矛盾はありません。もちろん、社会主義的な社会を目指した「公共空間」も存在し、一定の広がりを見ました。しかし、その社会は文字通りの意味では実現していません。ルソー的な社会は共産主義国家としては確かに実現しましたが、リベラルが想定するような「公共空間」は、実際には資本主義社会の枠組みに寄生し、その中で権利を獲得する運動に落ち着いたのです。

つまり、実際に社会として形成された「公共空間」は、あくまで最初から市場原理と共感を基礎に「一般性」を作り出す消費社会だったと考える必要があります。ハーバーマスが回顧するような「公共空間」は、実際に社会全体の意思決定を担うものとして機能したことはありません。市民のデモなどによって実際に世論は動かされてきたではないかと考える方もいるとは思いますが、デモもまた、それを取り上げるマス・メディアとの連携においてはじめて有効に機能する手段でした。デモが「公共空間」を代表するものとして取り上げられ、それが「共感」を得ることではじめて世論が動きます。それゆえ、その「一般性」の形成の原理はなお、資本主義社会の枠組みに準拠するものだったと考える必要があるのです。熟議による「一般性」ではなく、雰囲気やファッションとしての「一般性」がそこでも重要な意味をもたされていたのでした。

そのように考えるならば、「この社会」における「公共性」は、実際には何の構造転換もしていないという必要があります。われわれの「この社会」の「公共空間」は、最初からずっと市場原理と共感を「道徳」とするものだったのです。理想的な公共空間を「かつて存在していた（はずの）もの」と考えることには、多分にロマン主義的な要素があるように思われます。われわれが「この社会」において実現したのは、実際には、資本主義社会の内部で資本主義とは異なる理想を描き、その理念で人々を魅了すること以上のものではなかったのです。

しかし、繰り返しになりますが、「戦後民主主義」の枠組みの中では、対立するロックとルソーの理念は幸せな同居関係を実現できました。リベラルの描く理想は、資本主義の枠組みの中で経済的基盤を獲得し、資本主義社会はまさにそのリベラルの理念によって労働者を経済に統合し、実際的な利益を得ることができました。それは高度経済成長が二つの理念の矛盾に目を瞑らせる限りでのことだったのです。

労働者を経済に統合することによる経済成長が限界を迎えると、リベラルの描く理想は説得力を失っていきます。ネオ・リベラリズムの台頭の中で自由至上主義が復活し、苛酷な闘争の中で獲得してきた労働者の権利を労働者自ら手放そうとする雰囲気が「一般性」を獲得するに至りました。その中でわれわれは、市場原理に準拠したイメージ操作のゲームに参加することによってのみ「公共的」でありうる社会に生きているのです。

「お金」の信仰

では、結局のところ、われわれは、そうしたロック的な社会の「ルール」の中で生きるしかないのでしょうか。もちろん、それでもいい、あるいはそれしかないと思われる方もいると思います。匿名の市場の「道徳」に従う中で、消費者としての権力をわれわれが幾分かもちうるのだとすれば、それでかまわないじゃないかというわけです。

しかし、残念ながらそうもいかないのです。「それでいい」ということの前提には、少なくとも現状は維持されるという含みがあると思いますが、それは実は保証されていません。自由主義に立ち戻ることで「この社会」に留まることは、それ自体、困難になってきているのです。そこには、経済というシステム自体に関わる問題があります。少し理論的な話になりますが、重要なところですので、どうかお付き合いいただきたいと思います。

すでに何度か確認したように、ロック的な社会は「お金」を媒介にして他人と関わることが基本となるものでした。

本来、個々人の行為の社会的価値を考えるためには、どのような社会を目指すのがよいのか、そのために自分はどのくらいのことができているのかを考える必要があります。「望ましい社会」のヴィジョンと対照することではじめて、人は自らの行為の価値を評価することができるのです。

しかし、ロック的な社会においては、それが免除されています。なぜなら、自らの行為の価値は、給与というかたちで、手短に確認できるからです。その仕事の価値が、なぜその金額として評価されるのか、当てはまりそうな理由をいくつか挙げることはできるかもしれませんが、しかし、実際のところ誰も説明できません。同じような立場の人と比べてみるとか、他の店で値段の付け方を見るとか、人にできるのはせいぜいそのぐらいです。ときに不当と感じられるような評価であっても、市場原理という「客観性」を前に、そんなものかと納得せざるをえないわけです。市場は、実際には操作可能ですが、少なくとも理念としては「公正」であるべきものですから、匿名の市場はそれ自身において「正義」であるわけです。そうして、各人が全体のことを考えず、自分の目の前の仕事にだけ注力することで社会全体の生産性を上げるというのが、アダム・スミスの経済学の要だったのでした。

しかしながら、その社会的な分業のシステムは、ある絶対的な信用の上にはじめて成立するものになっています。ごく単純なことです。つまりわれわれは、お金さえ手に入れれば、生活に必要なすべてのものは、あとでお金と交換できると信じているのです。そうでなければ、そもそも安心してお金を稼ぐことはできません。自分の時間の大部分を注ぎ込んで獲得したお金が、いざとなって必要なときに他のものと交換できないとすれば、こんな馬鹿なことはありません。この社会において、お金を得ることが他人の労働と直接的／間接的に関わるための非常に有力な、ほとんど唯一といってもいい手段であると信じることでわれわれは、お金を稼ぐことに専念することができるのです。

それでもなお、それはひとつの「信仰」にすぎません。「信仰」というと聞こえが悪いように思うかもしれませんが、根拠のないものを無批判に信じるという点において、それはまさに「信仰」というべきものなのです。

かつて宗教が社会全体で機能していたときには、神が存在するということは、この上ない現実性をもつものでした。なぜならば、みながそのことを信じているのですから。神の存在は、それが仮にまったく無根拠なものであったとしても、みながそれを信じている限りにおいて、根拠云々とはまったく異なるリアリティをもっていたわけです。

お金についての「信仰」も、まったく同様です。こちらの場合には経済学者が無根拠であることをはっきり認めているという違いはありますけれども。あらためていうまでもないことではありますが、われわれの財布に入っている一万円札は、単に「日本銀行券」と書いてある紙切れであり、もし他人がそれを受け取ってくれないならば、ほかに何の役にも立ちようがありません。神の方はまだ自分は信じるということができますので、そちらの方がよっぽどリアルだといえます。お金の場合は、それ自身が何の価値ももたないことを誰もが知っていて、なおかつ信じ続けられるものなのでした。

もちろん、それでもみなが信じている限り、お金の社会的機能はどこまでも現実的です。しかし、ではなぜみなそれを信じられるのでしょうか。お金の価値はみなが信じている限りで成立しているということは、信じなくなればお金の価値が失われるということを意味します。そんな馬鹿なことがあるかと思うかもしれませんが、そうしたことは歴史上何度も実際に起きているのでした。「ヴァイマル憲法とナチズム」の項でもお話ししましたが、「ハイパーインフレ」という現象は、まさにみなが信じていたはずのお金の価値が信じられなくなったことで起きたものでした。昨日まで稼いで銀行に預けていた一〇〇万円、将来のためにとっておいたお金が、一夜にして紙切れに変わるということはこれまでも実際にあったことなのです。

お金を信じることができなくなると、しかし、資本主義社会の前提条件が崩れます。人はもはや目の前の仕事だけに注力することはできなくなるでしょう。社会はいったいどうなっていくのか、市場原理に預けてそのままにしておくことはもはやできなくなります。一九三〇年代のドイツでは、先行きが見えない中で人々はナチズムのスローガンに飛びつきました。そんなことは繰り返されないと思われるかもしれませんが、かたちを変えたルソーが現れる可能性は十分にあります。そのとき、短絡的な話に飛びついて過去の悲惨を繰り返さないようにすることが、われわれに求められているのです。

しかしでは、なぜそのようなお金に対する「信仰」の崩壊が起こるのでしょうか。それは、いまのわれわれの社会でもありうることなのでしょうか。もう少し立ち入って考えます。

財産とは何か

「お金」が、それ自身ひとつの商品だということを確認するところから話ははじまります。世の中にある「お金」は、それ自身、売ったり買ったりできるものです。世の中にあるものの価値は「お金」によって示されますが、実際には「お金」も商品であるわけです。自分がもっている財産の量は、ふつう「お金」という商品の量ではかられます。しかし、それは「お金」ならいつでもみなが交換に応じてくれると信じているから「お金」でもっているだけで、別の商品でも本当はかまわないのです。

「ハイパーインフレ」というのは、この「お金」という商品の価値に対する信用が失われることを示しています。そうなったら「お金」をもっていても誰も交換してくれないので、自分がもっている財産を減らさないようみなが少しでも早く「お金」を手放そうとすることになります。みながそうして「お金」を捨て値で手放そうとすることで、さらに「お金」の将来性が見えなくなり、ついにはほとんど価値のないものにまでなってしまうのでした。

ここで考えていただきたいのは、「財産とは何か」ということです。財産というのは、例えば「お金」であったり、土地であったり、株であったり、様々な商品の量で示されます。しかし、財産なるものに何か実体があるわけではありません。「お金」で財産をもっていても、「お金」という商品の価値が切り下がれば、あったはずの財産というのはなくなってしまいます。土地でも、株でも事情は同じです。「土地神話」というものがありますから、土地をもっていれば安心という根強い「信仰」があります。しかし、土地の値段自体が市場原理で容易に変化することは誰でも知っていることでしょう。いま人気のある東京の土地も資本主義社会が全面化する前には、値段自体があってないようなものだったことを思い出してください。例えば、東京の文京区に彫刻家の高村光雲の家がありましたが、光雲は東京藝術大学の先生になってその土地を譲り受ける際、「表通りまで広く買ってやろう」といわれて、「そんなに地所が広くなっても暮しがかかるばかりで、とても持ちきれない」と答えたということです（高村豊周『自画像』）。それは明治二五年（一八九二年）のことでした。

ロックの「但し書き」の問題を思い出してください。ロックの議論において私的所有権が認められるのは、「誰のものでもないものが誰にでも十分に残されていること」が条件になっていました。また、土地の私的所有が認められるのも、人がそれを管理できる範囲に限られるとロックはいっていました。「草が刈りとられぬうちに枯れたり、植えた果実が取り入れや貯蔵をする前に腐ったとすれば、この土地は荒廃地と見なされ、ほかの誰が所有してもよい」というのがロックの私的所有権でした。人が自然に使用できる範囲を超えて所有することができるようになったのは、まさに「お金」によってであったことを、そのとき確認したのを覚えていらっしゃると思います。「お金」は腐りませんので、使用することができます。

しかし、いま見たように、その「お金」というのは、他人がそれを受け取ってくれるだろうという期待にほかなりません。「財産」と呼ばれるものの実体は、そうやって将来の交換に備えて蓄えられた期待の総量なのです。お金も土地や株も、将来も人がそれを欲しがるだろうと期待される限りにおいて、財産として機能しうるものなのでした。

しかし、その期待がなければ、財産は財産たりえません。財力は使い方によっては権力になりえますが、財力と権力は本質的に異なるものです。財産の価値を支えるのは、将来交換できるという期待です。生活の必要を超えて蓄えられた財産が財産であり続けるためには、その期待を維持し続けることが必要不可欠なのです。

貨幣の資本化：期待の掛け算

期待というのは人々の間で危うく揺れ動くものですが、資本主義社会が安定して市場を拡大しえたのは、そのお金を「資本」として機能させ、期待を恒常化することができたからでした。資本というのはつまり、積極的に投資に回されたお金のことを意味します。

普通、お金を介した商品の交換は、「売るもの」＝「お金」＝「買うもの」というかたちでなされます。自分がもっているもの（これは「労働力」という商品でもかまいません）を売ってお金に替え、そのお金でほしいものを買うというわけです。そんなことはごく当たり前のことのように思われます。

しかし、同じお金を資本として機能させるとき、これとは違う交換が行われます。つまり、「投資（お金）」＝「もの」＝「利益（お金）」というかたちでの交換です。こちらは、先の交換と違って、交換の最初と最後がお金になっています。先のものは両端が「もの」でしたから、その点が違います。

ただ、この二つの交換の間には単に順番を変えたということにとどまらない大きな違いがあります。というのも、後者の交換で両端に来る商品は、両方とも「お金」だからです。そこでは、お金を使ってものを買い、最後にまたお金に戻ってくることになっています。二回も交換の手間をかけて同じものを手に入れるというのは馬鹿げたことですので、その交換がなされるためには、同じお金の間に違いがなければなりません。つまり、その二回の交換でお金の量が増える必要があるのです。しかし、なぜ増えるのでしょう。

人がものを交換する際には普通、その都度、等価交換を目指します。それは、「お金」＝「もの」のときも、「もの」＝「お金」でも同じです。違う価値のものを交換しようとは普通思いません。しかし、投資においては、等価な交換を二回繰り返すとお金が増えることになっています。なぜ増えるかというのは議論のあるところですが、ここではごく簡単に考えます。実際の投資を考えてもらえれば分かるように、投資は成長する期待で交換し、利益はその期待が実現されることで得られるわけです。そこではつまり、期待と実現の間の差異がお金の増加として表されていると考えることができるのです。

こうしてお金が資本として交換されることで、お金の通用する範囲は一気に拡大しました。それまでお金は、せいぜい「腐らない商品」にすぎませんでした。その限りで、他人がそれを受け取ってくれるだろうと期待できる範囲は、同じ意識を共有できる範囲に限定されていました。金や銀の価値は全世界で普遍的と思われる方もいるかもしれませんが、金や銀への価値づけも、地域によってだいぶバラつきがあったのは、歴史が教える通りです。

しかし、お金が資本として使えるとなれば話は違います。つまり、いわゆる銀行の発達ということなのですが、期待と実現の間でお金を増やせる交換が一般化していくことで、お金の通用範囲が広がりました。資本となったお金は、期待を交換の内部に取り込むことで、より多くの価値をもつようになったのです。それは、単に将来でも同じように受け取ってくれることを期待できるだけでなく、より多く交換できるわけですから。そこでの期待は、いわば掛け算されたものになっているわけです。

そして、そのことで「財産」の基盤も、より強固なものになりました。財産が期待の総量であるとするならば、資本となったお金は、期待を期待によって膨らませることで、財産の「実体性」をより強固にしていったのです。

経済成長が止まる＝投資先が失われる

しかし、それでもやはり財産が期待の総量であることには変わりありません。経済がどんどん拡大していくような状況では、資本主義社会の中で掛け算された期待が失われる危険はほとんどありませんでした。といっても、それはまったくの順風満帆だったわけではなく、実際にはたびたび危機を経験したのですが、それでも総じて世界全体の「財産」の総量は増え続けていったのです。

一九世紀は植民地支配によって市場を世界に拡大することができました。その植民地市場が飽和して「世界恐慌」が起き、資本主義社会自体を否定するような大きな社会運動が歴史を揺り動かしましたが、第二次世界大戦後には「戦後民主主義」の体制を確立することができています。労働者を資本主義社会に統合し、賃金の増加と経済成長の二人三脚ができていた時代には、世界の財産の総量は、順調に増え続けていきました。

しかし、一九七〇年代に入ると、その「戦後民主主義」の体制の維持が困難になっていきます。というのも、労働者の生活水準も一定以上が確保され、賃上げが経済成長に繋がらない構造になったからです。商品広告による購買意欲の刺激も、生活の必要を超えた支出を促すには限定的な効果しかもちえませんでした。大量生産・大量消費による成長は頭打ちになり、いかにして差異を商品化するかが販売戦略の要になっていきます。

しかし、人間の生活を一定程度豊かにする経済レベルが実現した後も、拡大した財産を維持するためには、成長し続けなければなりません。それは人々のために必要というよりもむしろ、財産を財産として存続させるために必要なことです。財産は期待の総量なわけですから、期待が存在しなければ財産の実体性が失われるのです。掛け算された期待がふつうの期待に変わるだけで、財産の基盤は非常に危ういものになります。それゆえに投資は、もはや人々の生活にとってその必要がなくても、継続されなければならないものになっていたのです。

これは実際に財産をもつ人々にとっては非常に切実な問題です。なにしろもっていたはずのものの価値が減る可能性があるということなのですから。それゆえ、資産家にとっての問題は、財産をどのような商品形態でもつかということになるでしょう。変わらず土地神話にしがみつく人もいるかもしれませんし、銀行に貯金をすることで安心する人もいるかもしれません。しかし、その価値が切り下がれば、財産は減ってしまいます。

では、プロの投資家に預けて財産を維持すればよいかといえば、そうとも限りません。

これは資産家にとっては実際的な問題ですから、すぐに納得してもらえると思いますが、経済成長の鈍化に際して、確実に利益を上げられる投資先はなくなり、機関投資家でさえどこに投資したらよいかわからない状況になっているのでした。では、結局現金でもつしかないという人もいるかもしれません。実際、不況になってどこにも投資先がなくなるとどこかに預けておくより、すぐに交換可能な現金として手元におく傾向が強くなることが知られています。しかし、それは「お金」もひとつの商品であることを無視した自殺行為というべきでしょう。財産を「お金」としてもっていたとしても、投資に回される資金量が減少し、結果として経済成長が実現できなければ、ハイパーインフレによって「お金」自体の価値が一気に切り下がる可能性が増すことになるのです。

期待の総量としての財産が、財産であり続けるためには、掛け算された期待がなければなりません。たとえ確実な投資先がなくても財産が投資に回され、その先に利益が生まれることが期待され続けなければならないのです。

投資先の「創造」＝デリバティブ

こうした資本主義社会の要請に完璧に応える仕組みが、まさに一九八〇年代に開発されます。「金融派生商品」、いわゆるデリバティブと呼ばれるものです。

一九八〇年代から「ビッグバン」と呼ばれる金融業界の規制緩和が行われ、様々な金融派生商品が新しく開発されました。財産の量を表すための商品として、それまで考えられていたのは、「お金」「土地」「株」などの「金融商品」でした。しかし、「金融派生商品」は、そうした商品を直接売り買いするのではなく、それらの商品を様々な条件つきで交換する権利を売り買いします。例えば、そのうちのひとつは「裁定取引（アービトラージ）」と呼ばれますが、それは、同じものが異なる市場で値が付けられている場合に、安く買って高く売ることで利益を得る取引を指すのでした。ほかにも「スワップ」や「先物取引」など、様々な形態の金融派生商品があります。簡単にいえば、これらの商品の開発によって「投資先」が増えたのです。デリバティブ取引は、いわゆる「ゼロサム・ゲーム」なので、その中での「勝ち負け」はあるにせよ、全体のトータルではゼロ、実体経済には関わらないと考えられるかもしれません。トータルゼロならば、個別の勝ち負けはあっても世界全体の財産の総量も変わらないのではないかと。

しかし、一九八〇年代の金融改革は、実体経済の成長と切り離された「投資」によって、実際に財産の総量を増やすことを可能にしました。なぜでしょう。金融派生商品は実体経済の動きに連動して、実体経済を大きく動かせるものになっているからです。具体的に見てみます。

二〇〇八年のリーマン・ショックの原因になったサブプライム・ローンもデリバティブのひとつでした。それは、信用格付の低い人に低金利で貸し付けた住宅ローンを分解し、他の金融派生商品を組み合わせるなどしてひとつの証券にまとめたものです。「サブプライム」というのは、信用格付の低い層を示す言葉で、過去に滞納したことがあるとか、収入が低いとか、貸してもお金が返ってこないかもしれないリスクをもった貸付対象を指します。「リスクが高い」と金融機関がわざわざ分類した層に対して、住宅ローンという大きな金額を貸すものですから、当然返してもらえないリスクが高いわけです。なので、貸すときには信用の高い人よりも少し金利を上げるのですが、しかし、元本を返してもらえなくなれば意味はありません。

しかし、サブプライム・ローンの場合には、金融機関は「金利部分」と「元本返済分」を分け、金利部分は手元に残して、リスクの高い「元本返済を受ける権利」を別な金融商品として証券会社に売りました。デリバティブ取引は一般的に、企業が市場リスクを回避するために行うものと説明されますが、この場合には金融会社が貸し倒れになるリスクを投資会社に引き受けてもらい、利益だけを先に確定することを目指したのです。

とはいえ、単にリスクの高いローンのリスクの高い部分だけを売買するだけでは、実体経済に影響はありません。投資会社が貸し倒れのリスクを積極的に引き受けたというだけで、経済全体で特に大きな変化はないと考えられるのです。

しかし、投資会社はそのところを「うまく」やりました。具体的な仕組みについては、いろいろなところですでに詳しく説明されていますので、ごく簡単に説明しますが、一〇%のリスクを重ねると全部倒れる確率は「10%×10%＝1%」になるとか、返済が焦げ付いた際に別の保証会社が保証する仕組みも証券化してサブプライム・ローン自体に組み込むとか、様々な手法でそれをリスクの極めて低い金融商品に変えてみせました。そのあたりのところを高度な数学を使って理論化する金融工学技術が発達していますので、要するにもともとあった実体経済のリスクは「科学の発達」によって解消されたということになったのです。

実際、サブプライム・ローンの格付けは「トリプルA」という非常に高いものになりました。元々の「仕入れ」の値段は安かったこともあり、売出し価格も安く抑えられ、たちまち人気商品になったのです。リスクが少なく確実に儲けられる「投資先」に餓えていた世界各国の金融機関は、そうして争うようにその金融派生商品を買っていったというわけです。

そうすると、デリバティブをたくさん売るために「仕入れ」を強化する必要が出てきます。つまり、信用の低い層への住宅ローンの貸付が加速しました。それまではリスクが高すぎて借りたいといっても断ってきた層にまで、積極的に営業をかけてローンを組ませる方向へ実体経済が動いたのです。デリバティブ取引は、そこで単なる「ゼロサム・ゲーム」である以上に、「金融工学」という新しい技術によって、実体経済に連動して実体経済を拡大しうるものと期待されることになったのでした。

こうした金融派生商品が開発されることで、一九八〇年代以降、実体経済の成長に見ることが困難になっていた「期待」を別なかたちで存続させることができるようになります。デリバティブは上場取引ではなく窓口取引で直接契約される場合も多く、取引の実態を明らかにするのは困難な側面もあるのですが、国際決済銀行（ＢＩＳ）が出しているレポートによれば、二〇一八年のデリバティブ取引はおよそ「六〇〇兆ドル」に上るとされます。これは「想定元本」の数字ですので「お金」「土地」「株式」などと同じように計算できるものではありません。しかし、おおよその市場価値としても一〇兆ドルという数字が出されています。世界全体での株式の時価総額が約七〇兆ドルということですので、一九八〇年代以降、財産が金融派生商品で保持されている割合は少なくないといえます。金融派生商品は、掛け算された期待を維持し、期待の総体としての財産が霧散する危険から経済を守ることができたのでした。

経済危機の構造

しかし、それはなお実体経済の成長ではなく、期待を期待として膨らます装置にすぎません。期待というのは、そもそもみながそう思えば存在するという類のものですので、膨らみすぎればバブルになり、萎めば危機を引き起こします。実際、期待のポンプ役を果たした金融派生商品は、一九八〇年代以降、何度も経済危機を引き起こす原因となってきました。

二〇〇八年のリーマン・ショックは、いま見たサブプライム・ローンに対する信用が一気に失われた結果、起きたものでした。サブプライム・ローンは、利益率の高い商品として人気となり、世界の機関投資家が先を争って購入する一大マーケットを形成しました。実体経済に成長を求めることが次第に難しくなり「財産」を「財産」として確保するために投資先を探していた人々にとってサブプライム・ローンは「金融技術の進化」を象徴するものとして持て囃《はや》されました。

それでもしかし、その商品を構成しているローンが信用格付の低いものであることには変わりありません。金融工学の魔法で「期待」を膨らませた市場のバブルは、ある時点を境に一気に暴落します。それまで買い込まれていた商品がすべて一気に飛ぶように投げ売りされました。売りが先行して値段が付けられない状態になり、それを保持していた投資機関は一気に「財産」を失うことになったのです。

銀行や大手の投資機関が巨額の損失をかかえて倒産しかけても「大きすぎて潰せない」といわれ、国が税金で損失を補塡することが繰り返されてきました。この言葉は、一九八四年コンチネンタル・イリノイ銀行が潰れかけたときに最初に用いられたといいます。日本でも一九九〇年代の危機の際に証券会社や銀行の救済に公的資金が投入されました。大きな金融機関が倒れてしまうと「期待」によって支えられていた経済全体が機能しなくなる可能性が出てくるからです。経済における「期待」の喪失は、システム全体の破綻を意味するのでした。

サブプライム・ローンが問題になったときも、アメリカ政府はあるところまで金融機関を救済しました。しかし、損失の連鎖が止まらず、リーマン・ブラザーズが倒れるにあたって、政府は救済しないことを決定します。リーマンが倒れたことで危機感が一気に広がり、アメリカだけでなく日本・ヨーロッパの平均株価が、「半分」になるという結果になります。これはつまり、「株」という商品としてもっていた「財産」が世界全体で半分になったということです。「財産」がどこかへ移動したのではなくなってしまったのです。それまで貯めていたと思っていた「財産」が、「期待」の喪失に伴って霧散しました。そうして結局、全体で一四〇兆円分の「財産」が失われることになったのでした。

これはサブプライム・ローンが、たまたま危険な商品だったから起きたことで、経済システム全体の問題ではないという方もいるかもしれません。しかし、それは申し訳ありませんが、ほとんど根拠がない「謎の楽観論」というべきものであると思われます。一九九八年にはＬＴＣＭの倒産に伴う経済危機がありました。このときの危機もまた、金融工学の魔法が「期待」を膨らませたことが原因でした。経済危機は、過去にあった危機を「楽観論」を弄して積極的に忘れることで繰り返されてきたことを思い出していただく必要があります。

ＬＴＣＭは金融工学でノーベル経済学賞をとったマイロン・ショールズとロバート・マートンを経営に迎えて設立されたヘッジ・ファンド会社でした。ＬＴＣＭが主に扱っていた金融派生商品は前述の「裁定取引（アービトラージ）」でしたが、それは金融工学の理論上、リスクがほとんどないといわれるものでした。リスクが少ない分、利益も小さいこの金融商品をＬＴＣＭは「ブラック＝ショールズ方程式」という金融工学の魔法によってドル箱に変えることができたのでした。なぜか。ロジックは簡単です。ＬＴＣＭがとった投資のポジションを機関投資家たちが挙《こぞ》って模倣することで、ＬＴＣＭの「勝ち」が保証されたのでした。ＬＴＣＭが購入したものの値段が実際に上がるならば、模倣した投資家たちも、その「模倣」から確実に利益を得ることができます。そしてその「勝ち」はＬＴＣ

Mの神話をより輝かせるものにもなったのです。

「ブラック＝ショールズ方程式」は、それ自体で見れば、単に様々な仮定をおいた上で理論的に説明できる「価格予想」のモデルのひとつにすぎません。いまでは金融工学の世界でも、それが現実の経済に必ずしも合致しないと批判されています。しかし、実際のところ、経済モデルの機能は現実を反映できたかどうかにかかっているのではありません。それらがいかに現実と乖離していたとしても、ひとたびそれが「神話」として機能すれば、あとは人々の「期待」によって現実の方をそれに追随させることができるからです。デリバティブ取引で問題となるのは、つまり「期待」だけでした。一見すると非常に難解に見える数学を駆使した金融工学は、専門家しか理解できないほどに高度化することで、その神話性を獲得する仕組みになっているのです。

そうしてわれわれは、実際一九八〇年代以降、ほぼ一〇年周期で経済危機を繰り返しています。二〇〇八年のリーマン・ショックでは投資家もうんざりして、規制を強化して危機の再発を防ぐドッド・フランク法を可決する流れができました。しかし、その法律は、二〇一八年、トランプ政権下で見直しが図られます。金融機関はいまや再び「自由」に取引ができる見通しになっているのでした。これは現在進行形のことですので、それらのニュースを伝えるメディアや経済アナリストの論調をぜひご覧になっていただければと思います。それらの大多数は「金融規制は「経済成長」を妨げている」というものになっていると思います。一〇年前や二〇年前の危機は、金融工学の発展途上で起きた事故のようなものと見なされているわけです。この点だけを見ても、バブルと危機の繰り返しが「経済成長」において不可避であることがよく分かります。「知の蓄積」という点では十分な経験をもつ事柄に対してあえて目を塞いで経済的な要請に応えなければならない状況がそこに読み取れるからです。少なくともそこには、学問として公平に真理を探究する姿勢は見られません。経済モデルの主導者として名を挙げれば、その研究者に実際に莫大な経済的利益が与えられる構造があるわけですから、知りえない「真理」を探究することなど「哲学者」の夢想に任せておけばよいということなのでしょうか。そこには「客観性」や「科学」を政治と経済に利用する構図があると思われます。それは少なくとも、アダム・スミスの経済原理にしっかりと合致したものだということはできるでしょう。そうした情勢を見るにつけても、期待を期待として膨らまし「財産」の維持と拡大を目指すシステムにおいて、バブルの造成とその危機の発生が本質的に避けがたいものだといわざるをえないと思われるのです。

「長引く不況」とアベノミクスの神話活劇

こうした危機の発生が、余剰資産を持て余した資産家だけのゲームにとどまるのであれば、それほど深刻ではないかもしれません。しかし、その資本の動きは実体経済と強く結びつき、経済の危機のたびに深刻な不況を引き起こします。不況がなぜ発生するのか、ケインズの理論を思い出していただきたいと思います。不況は投資が停滞することで起こるといわれていました。経済危機は投資の元になる「財産」自体の価値を減じるものでしたから、危機に続いて不況が起きるのは必然です。

ケインズの理論では、そうした不況を脱するためには国が率先して投資を行うことが有効だといわれました。政府が積極的に公共投資を行うことで、人々が経済発展の未来を信じられるようになります。公共投資は福祉政策として機能するだけでなく、経済を活性化して民間投資を促進する効果をもちうるといわれたのです。

しかし、そうした政策に基づく実体経済の成長は一九七〇年代に止まってしまいます。国家が積極的に投資をしてもそれに見合う経済成長が見られなくなってきたのです。そこで問題となったのは「投資の欠如」ではなく、「投資先の欠如」でした。投資したい「財産」は余っていても、「期待」できる投資先が見当たらないことが問題になったのです。そうなれば、いくら政府が積極的に公共投資をしたところで、政府の借金を増やすだけで、実体経済の成長をもたらすと期待することはできないでしょう。そうして、ケインズ経済学への信頼が失われると同時にリベラルの言説の力も失われていきました。

では公共投資のほかに、不況を脱する方法はないのでしょうか。

不況から脱する手段としては、政府による公共投資とは別に金融政策があります。中央銀行が金融機関にお金を貸す際に金利を低くすることで金融機関の積極的な投資を促すことが目的です。しかしこの方法も、金融機関が「投資先」を見つけられなければ、意味はありません。利益を期待できる投資先が見つからないことが問題であれば、いくら金利が安くても資金を獲得する意味はないのです。

実際、経済危機以降、日本に限らず世界の主要な国々で、この金利＝公定歩合をゼロに設定する政策が採られました。しかし、金利ゼロの状態で、なお金融機関は中央銀行からお金を借りません。日本ではバブル崩壊後の早い時期からゼロ金利政策が採られましたが、それで不況から脱することはできませんでした。それ以降さらに「量的緩和（つまり、積極的に貨幣供給量自体を増やす政策）」を実施しましたが、効果を得られませんでした。そこで出てきたのが「アベノミクス」だったのです。「この社会」のいまを理解するためにも、その「脱出劇」の展開を辿ってみたいと思います。

「量的ならびに質的な両面から大胆な金融緩和を進めることで、二％の物価安定目標を達成すべきであるし、達成できると確信している」。二〇一三年三月、黒田東彦氏が日本銀行総裁に就任すると「言い訳のない結果を出す」ための異例の金融政策を行いました。ちなみに、この目標達成は当初「二年程度を期限とする」といわれましたが、現在でも達成されていません。「言い訳をしない」どころか、理由を付けて何度も延長する度に市場が動揺するので、二〇一八年四月からは達成目標時期を定めないことになっています。しかしそれでも当時は、断固とした覚悟を示し、市場の信頼を確保することは経済政策を担うにあたって非常に重要なことだったのです。

実際、黒田総裁の改革は前例を見ない「画期的」なものでした。就任後すぐ黒田氏は「日銀券ルール」と呼ばれるものを停止しています。これは「日銀の長期国債保有残高は日銀券発行残高を超えるべきではない」というルールで、要するに日本銀行が日本政府の国債を保有する限度を良識的なものに保とうとするものです。市場に出回っている「日銀券」つまり「お金」の総額と同程度までが国債買い入れの限度と考えることが暗黙の了解となっていたのでした。しかし、これは法律で定められているものではありません。危機を脱するためには、そんな慣行に縛られてはいけないというのが黒田氏が下した「英断」だったのです。

法律は解釈が絡むので微妙な問題もあるのですが、しかし、「日銀券ルール」というのは財政法五条に禁止されている「財政ファイナンス」に抵触しないため日銀内部で設定されていた自主規制でした。「財政ファイナンス」というのは、国の資金を中央銀行が直接供給することを指します。「お金」というのがひとつの商品というお話はしましたが、それは日本では「日本銀行券」です。この「日銀券」は日本銀行が発行元ですから、印刷機を回せば安いコストでいくらでも作ることができます。日銀が印刷するのですから、それは偽造ではなく本物です。政府のお金がなくなったからといって「ちょっと貸してよ」とすぐに日銀がお金を渡すとなると「お金」という商品の価値は限りなく怪しくなるでしょう。「日本円」の価値に疑いが出て「ハイパーインフレ」に陥る危険を避けるために、財政法で「財政ファイナンス」が禁じられているのです。

黒田総裁の就任当時すでに日銀は国債を「日銀券ルール」の限界を超えて買っていました。そのころの論壇を見ると、そのときでも「これは財政ファイナンスにあたる危険がある」と指摘している論者がいることが分かります。すでに九〇兆円規模で日銀は国の借金を引き受けていました。一応ロジックとしては、国から国債を買ってくれと直接打診されて買ったのではなく、市場に売りに出された国債を日銀が独自裁量で購入しただけということで財政法五条には抵触しないということになっていました。

しかし、黒田氏は就任早々、このルールを停止し、実際に大量の国債を買い増しはじめます。その結果、二〇一八年度末の日銀の国債の保有額は約四六〇兆円です。就任時点の国債保有額の約五倍の量になります。それだけのお金を日銀が政府に間接的に供給したのでした。

この他、黒田氏就任後の日銀は、二〇一四年一〇月から、年間三兆円の規模でETF（株価指数連動型上場投資信託）という金融商品を買い込んでいます。これは日経平均等の株価指数に連動して値段が変わる金融派生商品ですが、つまり、日銀がこの商品を買うことで日経平均を上げることができるのでした。三兆円（二〇一六年七月からは六兆円に増額）というのはそれなりの額ですが、それでももちろん、単に買い続けて日経平均を上げていくのには足りません。それゆえ日銀は、単に買うのではなく、株価が下がるタイミングで買うことを約束しました。それは日銀のHPに明記され、実際その約束は守られています。つまり、株価が下がろうとするときに日銀が下支えすることを約束するので日本株を買ってくれと投資家に訴えたのです。株価が下がるタイミングで大口の買いが入ることが約束されているとするならば、投資家は安心して株を買うことができるでしょう。株は下がらずに上がるだけなわけですから、買えば必ず儲けられます。こうした安心感に支えられ、黒田総裁の就任以降、アベノミクスと称される経済政策の成果として株価が二倍になったのはご存知の通りです。日銀が買い支えを約束することで「日本経済の復活」が演出されたのです。この点に関してはOECD（経済協力開発機構）からも懸念が出されましたが、黒田氏は「承知している」と述べるだけでした。黒田氏が衆議院財務金融委員会の答弁で、ETF購入の目的を「株価安定のため」と言った後に「「物価安定目標のため」の間違い」と言い直したというのは、あるいはこの悲喜劇で「笑いどころ」とされるものだったのかもしれません（二〇一九年四月一六日）。

しかしなぜ日銀は、こんなことをしているのでしょうか。それはひとえに不況を脱するためです。筆者は私利私欲のためだけに人がこうしたリスクをとれるとは思えません。これは完全に筆者の個人的な見方ですが、黒田総裁が記者会見でこの悲喜劇を演じきっている様子を見るにつけ、なんて心臓の強い人だと思わざるをえないのでした。

しかし、このような法律的にも危うい金融政策を実施することで問題はないのでしょうか。あるいはこのような自作自演の「経済回復」で実際に不況から脱することができたといえるのでしょうか。アベノミクスの脱出劇のシナリオでは「大丈夫」ということになっているようです。というのも、人々がもしこの演劇を見て実際に経済の明るい未来に対する「期待」を膨らませてくれるなら、その「期待」を基礎に経済を回復していく道がありうるからです。限界を超えた国債の買い入れも、倫理的に危うい株価の買い支えも、「経済成長」の演出を人々が本気で信じてくれれば、嘘を本当にすることができると考えられたのでした。逆をいえば、そこまでのことをしても、他に不況を脱する手段が見つからないということだと思われます。そこには相当な葛藤があったはずです（と勝手に思っておきます）が、経済はそこまでしないと救いようのないものだったのでした。

では、結果はどうだったでしょうか。演出の効果はあったといえるでしょう。株価は実際に二倍になり、企業の採用意欲も回復して新卒の就職率が上がりました。何となく感じられる市況感としては、実際に景気がよくなっているように感じられている部分もあると思われます。

しかしそれが、実体経済の成長に繫がったかといえば、これは評価の仕方にもよると思いますが、正直かなり微妙なところだといわざるをえないように思います。しかし、そのために払ったコストの方はあまりに大きなものになりました。先に見たように日銀の国債保有額は二〇一八年度末で四六〇兆円です。つまり、増えた分の「日銀券」が新しく刷り出されていることになります。二〇一二年度末、黒田総裁の就任直後に市場に流通していた日銀券の総量は、当座預金残高を含めると約一四〇兆円でしたから、単純計算でいくと「お金」の量は三・五倍強増えていることになるでしょう。この間、実体経済にほとんど変化がなかったと考えれば、理論上、円の価値は「七分の二以下」に切り下がっていることになります。それは、二〇一三年三月に一〇〇円で買えたものがいまは三五〇円以上出さないと買えなくなることを意味します。しかし、これは実際の物価とは違いますね。実際に三五〇円出さないと買えないようにはなっていません。貨幣量と物価の関係については経済学者の間でなお議論がある問題ですが、貨幣量が五倍になってもすぐに物価が五倍となるわけではありません。が、それでも長期的に見れば貨幣量の増加がそのまま物価の上昇に反映されることは経済学者の間で見解が一致しています。ただ、アベノミクスに関していえば、国債買い入れが物価上昇に繋がらない理由は別にあります。というのも、日銀が刷り出した分のお金は直接市場に出回るのではなく、ほぼそのまま「日銀当座預金」という口座に預けられたままだからです。市場に出回らなければ実質的な貨幣量は変わらないので、物の値段が変わらないのも当たり前ということです。

しかし、「日銀当座預金」というのは金融機関が日銀に預けてあるお金のことですので、引き出しさえすればすぐに流通させることができます。その引き出しに特に制限はありません。金融機関が投資をしすぎて手持ちのお金がなくならないよう、一定金額を日銀当座預金に預けていなければならないというルールがありますが、そのためにそれだけのお金が引き出せずにあるわけではないのです。「正常」とされる日銀当座預金の残高は五兆円といわれていますので、現状はそれをはるかに超えた金額（三八〇兆円）が預けられたままになっているのでした。つまり、物価が上がらなくても貨幣量はすでに増えているということになります。

日銀の心づもりとしては、銀行が当座預金からお金を引き出して投資に回し、ゆるやかにインフレを起こして経済を活性化させたいという狙いがありました。一部の口座にしか適用されていませんが、「マイナス金利」という奇策で何とか銀行が当座預金を引き出すように働きかけたのもそのためです。日銀に預けていれば利子がつくのではなく、逆に利子を払わなければならないとされたのですから、当座預金から引き出して使ってくれるだろうと期待しました。しかし、それでも銀行はそのお金を当座預金に預けたままにしています。銀行としてはどこにも投資先がないので、手数料で稼ぐビジネスモデルへの転換を図っているところだったのです。実質的な経済成長の効果を出せないまま、長期的にはすでに円の価値が「七分の二以下」に切り下がっている状況になっているのでした。

短期的な視野で変化が見られないとはいえ、長期的には人々が貯めていたお金が知らない間に「七分の二以下」になっているというリスクを日銀はとりました。それは極めて意図的なもので、無知に基づくものでも短慮によるものでもありません。しかし、そのリスクと比べてみて「アベノミクスの成果」といわれるものが、実際のところ、どれだけの意味をもちえたかということはきちんと評価されるべきだと思います。大きな経済的リスクをとりながら実施した割に、それに見合うような経済成長が得られたとはお世辞にもいえない状況になっていると思われます。

ネオ・リベラリズムの「必然性」

一九八〇年代以降の社会は、このように、経済を維持するだけのために大きな努力を払い、将来にリスクを積み上げていきました。無理矢理にでも投資先を見つけて「期待」を膨らまさなければ「財産」を「財産」として維持することができず、無理にバブルを作り出しては必然的に危機を招いて深刻な不況を生み出しています。そしてその不況から脱するために、演劇に訴えてでも「期待」を生み出し、未来に対して大きすぎるリスクを積み残すことになっているのです。

このような状況においては「戦後民主主義」が実現したような福祉的な企業運営は、もはや不可能です。一九八〇年代以前にはアメリカでも企業は終身雇用を原則とする運営を行ってきました。自動車メーカーのフォードが行った経営方法をモデルとして「フォーディズム」と呼ばれますが、高度成長期にはアメリカにおいても、労働者の福祉的な環境を整えることが企業の成長に資すると考えられていたのでした。

しかし、一九八〇年代以降、そうしたやり方では企業は存続できない状況になります。企業は次々に「リストラ」「ダウンサイジング」を繰り返し、生き残りを図るようになっていきました。「リストラ」というのは、「リストラクチャリング(=事業再編成)」、つまり各々の企業が不採算分野を切り捨て、収益性の高いものに特化することを指します。「ダウンサイジング」は、その結果不要になった労働者を解雇することです。

まずアメリカにおいて、一九八一年からはじまったレーガン政権下の深刻な不況が、果敢なリストラとダウンサイジングで乗り切られました。アメリカの売上高上位五〇〇社の雇用者数は一九八〇年〜九三年にかけてそれまでの一六〇〇万人から一一五〇万人にまで圧縮されました。こうした積極的な企業の生産性向上策によって、一九九〇年代のアメリカは不況を脱することができたのでした。

しかし、不況を脱して企業がそこでリストラをやめ、福祉的な労働環境が戻ったかといえばそうではありません。職をもっている人のうち、過去三年以内に解雇されたことがある人の割合を「失職率」とすると、アメリカにおける失職率の割合は一九九〇年代に景気が回復しても一〇%程度で変わりませんでした（石崎昭彦『アメリカ新金融資本主義の成立と危機』）。つまり、企業は景気が回復した後も、積極的にリストラを継続したことが分かるのです。

日本においてもバブル崩壊以降の不況を脱するために、一九九〇年代以降、積極的にリストラが繰り返されました。労働組合の影響力の低下も顕著で、組合はリストラに対して、ほとんど抵抗できませんでした。もし強く抵抗すれば自らが所属する企業の存続自体が危ぶまれることが分かっていたからです。その中でももちろん、労働者の権利を保持するための戦いは継続されていたとは思いますが、そうした戦い自体が、改革を望む企業に対して従来型の権利を守ろうとする労働者の保守的な要求と見なされるようになっていきます。市場原理主義への立ち返りを目指す「保守派」の方が革新的で、労働者の権利を守ろうとする「リベラル」が守旧的と見なされる捻れがそこに現れます。力を失った労働組合は組織率と加入率を低下させ、企業側の都合で労働者の調整を行うことが一般化していきました。一九八〇年代まで労働者の福祉的環境の整備に大きな貢献を果たした労働組合は、そうして、企業の改革を拒む「保守的な勢力」として撤退戦を余儀なくされることになったのです。

しかしでは、労働者の側で積極的に「ネオ・リベラリズム」に与《くみ》して未来があるかといえば、そうでもありません。すでに見たように、経済成長を維持することを自己目的化した社会は、生産性を高めるために労働者の福祉環境を切り詰める一方で、バブルと危機の繰り返しと「演出」に頼らなければ維持できない状況になっています。もちろん、それでも市場原理の公平性を信じて資本主義社会を生きるより他に道はないと思われる方も多いとは思います。しかし、その「信仰」は、厳しい環境の中でより一層大きな試練にさらされていくことになるでしょう。「この社会で生きるよりほかに道はない」と決めつける前に、新しい道を採る可能性を考えてもよいように思います。

では、どのような可能性があるのでしょうか。次の章では、「この社会」の問題点を反省した上で、ありうべき新しい社会の構想をお示ししたいと思います。

第四章　資本主義社会の「マトリックス」を超えて

前章までの議論では、「この社会」がロックとルソーの歴史的な対立の結果としてあることを見てきました。「この社会」はロック的な資本主義社会の道徳と経済を基盤としています。しかし、そのロック的な社会に対する様々なルソー的反発も「この社会」の形成に重要な役割を演じてきました。一九世紀の自由主義が露呈したロック的社会の構造的な問題を補塡し、「労働者」を経済の中枢に取り込んだリベラリズムは、高度経済成長の終焉とともに力を失い、剝き出しの自由主義への回帰が起こっています。しかし、その新しい自由主義者による「改革」も、経済を維持するだけのために人々に無理を強いて、大きなリスクを将来に積み増しすることになっているのです。

「この社会」の成立によってわれわれは、「自由」と「平等」を獲得しました。そのことの意義は実際、簡単に否定できるものではないでしょう。しかし、そこで獲得された「自由」や「平等」は、実際のところ、本当の意味での「自由」でも「平等」でもなかったのではないでしょうか。これまでの議論では、ロック的な意味でも、ルソー的な意味でも、それらの概念にはそれぞれ欠陥があることを見てきました。それらは互いに対立しながらも、それぞれに問題を抱えるものだったのです。ロックの「自由」は、個々人を分断しながら、市場の「道徳」への服従を強いるものでした。しかし、ルソーの「自由」もまた、それに反対して共通の規範への積極的な服従を求めることで一般意志の占有の問題を歴史上何度も引き起こしてきたわけです。

そうした反省を踏まえた上で、新しくどのような社会を構想することができるでしょうか。そこで必要とされるのが「哲学」です。アダム・スミスの社会分業制の中で、「哲学者」は、最後まで無駄に全体のことを考えようとする人とされました。実際、学問の領域にも分業制が浸透していく中で、「哲学」もまた資本主義社会で「役立つ」ものであろうとしています。必要なのはしかし、物事を総合的に考える、本来の意味での「哲学」です。資本主義社会から締め出された「哲学」が、資本主義社会の後に続く社会を考え直すために再び必要とされます。

「当たり前」を疑い、ゼロから物事を考え直すことなど「専門家」に任せたいと思われる方もいらっしゃるとは思いますが、お待ち下さい。社会を実際に変えていくためには、みながその地点に立ち返ることが是非とも必要になります。「哲学」といっても、抽象的議論をしようというわけではありません。それはむしろ、われわれが明日、どのように生きるかという問題に直接的に関わっています。事柄の深さとしては、いわゆる「哲学的議論」というところまで降りていかざるをえない部分もあるのですが、それらを読者のみなさまの現実に接合しつつ、なるべく分かりやすい仕方で見ていければと思います。

共通の前提：「我思う、故に我あり」

「この社会」の限界を乗り越えるために考え直す必要があるのは、その大前提です。これまでロックとルソーの対立を軸に歴史の流れを追ってきました。しかし、より広い視野で見ると両者は、同じ前提の上に立っていることが分かります。それは、「私」を基礎にすべてを考えるというものです。すべての人々がともに「私」を中心に物事を考えるはずだ／べきだという考え方は、実のところ、「この社会」のあり方を最初からひとつの枠組みに押し込めています。こういってよければ、人々にあらかじめ同じ「私」というフォーマットを適用した上で「社会」を考えているのです。このようにいってもおそらくはまだ何をいっているのか分からないところも大きいと思いますので、少しずつ検討していきたいと思います。

すべての物事の中心に「私」を置くという考え方は、ある程度一般的にも知られていますが、デカルトの「我思う、故に我あり」という議論を基礎にしたものでした。世界にほかのものが存在しなくても「私」だけは確かに存在するという考え方が、デカルトの哲学を基礎に広まったといわれます。その考え方がロックに引き継がれ、近代社会を構想する際の基礎になったのでした。

しかし、実際のところ、「我思う、故に我あり」というデカルトの議論には、大きな問題があります。少なくともその議論を見る限りでは、非常にツッコミどころの多いものになっています。少し細かい話になってしまいますが、デカルトの議論の詳細を追ってみましょう。

デカルトが「私」の存在を発見したのは、方法的懐疑と呼ばれる思考実験の中でのことでした。デカルトは一切の理論的な前提を排し、まずはすべてのことを疑ってみる中で、それでも疑いえない「真理」がないかを探しました。「すべてを疑うこと」を真理を見出すための方法にするというのが、「方法的懐疑」と呼ばれるものの内実になります。

デカルトは実際、彼が生きていた社会で「当たり前」とされていたすべてのことを疑います。神の存在も証明できないのでまずは前提にしない。科学的な真理と呼ばれるものも、基礎となる数学も含めて疑おうとすればすべて疑えてしまうのでこれもあてにできない。自分の経験も感覚も、誰かが操作している可能性が排除できないので信用するのはやめましょう。そうすると存在すると思っていた世界も単なる幻想かもしれないということになっていきます。「私」と呼ばれるものも、少なくとも社会的な人格としては、存在することを前提にできないといわなければなりません。そんなかたちでデカルトは、とにかく疑いうるもののすべてを疑うという徹底した懐疑を展開していったのです。

日常的な感覚からすると、こうしてすべてを疑ってしまえば、結局何も確かなものがなく、底なしの落とし穴に落ちていくだけであるように思います。デカルトがいうことをご自分でも実際に少しやってみていただけるとお分かりになるかと思いますが、デカルトの疑いは、あまり真剣にやりすぎると下手したら気でも触れかねない危険なものになっています。

しかし、デカルトはそうしてすべてを疑いながら、疑ってもなお疑いえないものが一つだけあることを発見します。というのもデカルトは、すべてを疑う中で「疑っている」ということ自体は疑いえないということに気がついたのでした。疑っていることは疑いえないのだから、疑っている私が存在することは間違いない。こうして「我思う、故に我あり」という論理が展開されたのです。「我思う」というときの「思う」は、「疑う」という思考作用を示すものだったのです。

ほかのものは存在しなくても「私」が存在するのだけは確かだというデカルトのこの議論が、「私」を基礎にした近代社会の原理になっていきます。が、待ってください。このデカルトの議論は実は上手くいっていません。というのも、なぜその「私」が存在するのかということについて、この話は何の説明もしていないからです。「我思う、故に我あり」という議論は一見論理的な展開のように見えますが、よくよく見ると「私」は最初から前提になっています。「疑っていることは疑いえない」ということから、「疑っている私が存在する」とはいえません。なぜなら、疑っているのが「私」だというのは、実はデカルトが勝手にいっているだけだからです。哲学的な議論に慣れていないと変な議論に思えると思うのですが、デカルトの疑いの中では「私」は一度疑わしいものとして排除されているのでした。そうやってすべてを疑っている中で見つけたのが「疑っていること」それ自体だったわけですから、その思考作用を発現させる主体が「私」と呼ぶべきものなのかは、もう一度慎重に考える余地があります。デカルトはそこを「いやそれはやっぱり「私」というべきものでしょ」と断定しているわけですが、ゼロから「新しい社会」を考え直すためには、まさにその点を考えてみる必要があるのです。「疑っている」のは「私」ではないかもしれないというと、ちょっと何をいっているのか分からないと思われるかもしれません。しかし、二〇世紀に入ってからの「哲学」はまさにその点を問題にしてきました。フロイトによる精神分析の発見、「構造主義」や「ポスト構造主義」と呼ばれる思想の潮流などが転機になっているわけですが、この本では専門的な話に立ち入るのはやめておきましょう。そのあたりの話に興味がある方は、これも拙著で恐縮ですが、『ラカンの哲学』（講談社選書メチエ、二〇一八）をご覧いただければと思います。本書で一般向けに書かれていることの哲学的な裏付けを確認していただけると思います。

ちなみに、デカルトのこの議論に論理的な飛躍があるのは、デカルト哲学の欠陥ではありません。デカルトの哲学全体で見ると、実はこの「私」がなぜ存在するのかということは、きちんと説明されているのでした。「きちんと」といっても神学に訴えるという仕方でではありますが。「近代哲学の父」と呼ばれるデカルトがまだ神学に訴えていたのかと思う方もいるかと思いますが、さしあたり重要なのは、少なくともデカルト哲学全体で見ると先に見た論理的不整合は存在しないということです。デカルトは「我思う、故に我あり」という不完全な議論を、そのまま放置するような哲学者ではなく、その背景となることについても実際にはきちんと考えていたのでした。

ダメなのはむしろ、論理的な不完全性には目を瞑って、都合のいい部分だけを使おうとする人々です。ロックは「私」という存在を起点にすることをデカルトから借り受けて、われわれが生きる「この社会」の青写真を描きました。本当のことをいえば、ロックの議論もまた実際にはキリスト教神学の枠組みを残しているのですが、「近代化」の過程でロックのその部分も見なかったことにされていきます。つまり、近代社会の構想は、哲学的には議論の不十分なところで展開されていったのです。その中でもカントは、精緻な議論を展開して近代的な思考の枠組みを完成させているのですが、それでも「私」に関して一番肝心なところで議論を回避しています。われわれが生きる「この社会」が大前提としてもつ「私」という思考の枠組みは、論理的には不確かなものの上に成立しているといわざるをえないのです。

「私」という罠

もちろん、論理的に不確かだから全部ダメだといいたいわけではありません。何はともあれ「私」という枠組みを基礎にすることで、それまでの封建的な社会が壊され新しい社会が作られました。ロックとルソーでそれぞれ別のものが構想されたとはいえ、「この社会」は少なくとも建前上、諸個人が自らの意志で契約して作られるものとされたのです。「自由」で「平等」な社会は、すべての人々がそれぞれの「私」を基礎に世界の成り立ちを考えて作られたのでした。

ですが、われわれが様々な政治的メリットを引き出してきた思考の枠組みも、全体的な見直しを必要とする綻びを随所に現しています。そのひとつは、これまで何度も確認した社会分業制です。社会分業において人間は、個人に分かれた「それぞれの私」であることを前提としていました。ロックの社会契約論の発展形態として示された分業制において、他人の労働の成果は、常にお金を媒介として得られるものと位置づけられます。それぞれの人が「自分のこと」だけを考え、後のことは市場原理に委ねることで、社会全体の生産性を上げることができるといわれていたのでした。

しかし、その枠組みは、アダム・スミスがいうように、人が全体のことを考えず、自分の目の前の仕事だけをして「騙されること」をその成立要件とするものでした。人がそれぞれ「自分のこと」だけを考えてなお社会秩序が維持されるのは、人々が「自分がやりたいこと」の決定を無意識のうちに市場原理にあずけることによります。「結局は自分」という考え方は、そこで、その自分が「騙されていること」を知らずにすませるための目隠しの機能を果たします。これはある意味で非常によくできたシステムといえますが、そのシステム自体が構造的な限界を迎えています。ネオ・リベラリズム以降の社会は、経済を維持するだけのために、非常な無理を必要とするものになっているのでした。

では、ルソー的な試みがそうした思考の枠組みを相対化できているかといえば、そうではありません。ロック的な社会の乗り越えを目指す様々なルソー的な試みの失敗もまた、「私」という思考の枠組みの欠陥を示すものになっています。

ロック的な社会を超えることを夢見たルソー的な試みには、いずれも「本当の私」というテーマが潜在しています。ルソーの社会契約論では、一般意志を自分自身の意志とすることが求められました。一般意志に服することが「自由」であるのは、その契約が「自分自身との契約」になっているからだとルソーはいいます。「一般意志」として人々が共有するのが「本当の私」であり、個々人はその「本当の私」を見出すことで、失われた自然状態での紐帯を取り戻すと考えられたのです。

そこで見出される「本当の私」とは、例えばファシズムにおいては「民族」でした。失われた民族的共同体を復興させることは、ロック的な社会で擦り減らされた「個人」から離れて、人々が「本当の私」を取り戻すことにほかならないと考えられました。みなでともに同じひとつの「本当の私」へと立ち返ることで、社会に紐帯を取り戻すというのがファシズム(=団結主義)の目指したものだったのです。

マルクス主義も同じです。プロレタリア独裁によって獲得される「自由」は、資本主義社会において労働者が奪われていた本来的な人間性を回復するものと見なされました。先に見たように理論家としてのマルクスは、必ずしも政治的運動に限定されない意義をもっているのですが、政治として展開されたマルクス主義は、失われたものの回復というロマン主義的な色彩をもっていました。「疎外論」と呼ばれるものです。「本当の私」というテーマはそこでも、積極的服従と一般意志の専制へと繋がっていったのでした。

同じ構造は、カントのような理性主義にも見られます。理性主義においては「理性」こそが「本当の私」と考えられました。人々はみな同じひとつの理性を共有しているのだから、人がみな「理性的」になれば、ロック的な社会の問題は解決されると考えられます。

しかし、意外に思われる方もいるかもしれませんが、そこにも一般意志の占有の問題が発生します。細かな議論はできませんが、例えば人類学の発展にともなって、西洋社会が信奉してきた「理性」は、必ずしも同じひとつのものに集約されないことが示されました。極めて論理的な思考の枠組みが、西洋社会が思い描く「理性」と鋭く対立する場合もありえます。西洋社会が思い描く「理性」こそが「本当の私」などとは決していえないことが様々な社会構造の研究によって明らかにされたのです。

「私」という思考の枠組みは、ロック的な社会においてだけでなく、それを乗り越えようとする様々なルソー的試みの中でも、一般意志の占有という大きな問題を引き起こすものになっていたのです。

「マトリックス」

「この社会」の問題点を見据えて、ありうべき新しい社会を構想するためには、現在のわれわれの考え方の基礎にある「私」という思考の枠組みをいったん相対化する必要があります。とはいえ、それは「ではやってみましょう」といって簡単にイメージを伝えられるものでもありませんので、まずは共有できそうなイメージを探るところから入っていきたいと思います。キアヌ・リーブスが主演し一世を風靡した『マトリックス』という映画です。

一九九九年に公開された映画ということですから、すでにそれなりに古くなりました。見たことがない方もいらっしゃるでしょうから、最初にあらすじを確認しておきます。主人公のトーマスは、大手ソフトウェア会社につとめながら「ネオ」という裏の名前でコンピュータ犯罪を起こす「クラッカー」として活動をしています。彼は日常生活の中でときに夢の中にいるような非現実感を感じますが、その原因はわかりません。ある日、「起きろ、ネオ」という不可解なメールを受信し、現れた謎の女性に導かれて、現実と思っていた世界が実はコンピュータに支配された仮想現実であることを知ります。コンピュータは人間の身体をカプセルの中に閉じ込め、精神だけを仮想現実で生かすことで身体からエネルギーを搾取し続けていたのでした。人間の精神が生かされている仮想現実の世界が「マトリックス」と呼ばれます。「ネオ」は、そうして人間を機械の搾取から救い出すため、戦いを繰り広げるのでした。

この作品は通常、エンターテイメント性の高いＳＦ作品として理解されています。ネオたち「覚醒者」が仮想現実の中で繰り広げる荒唐無稽なまでのチートなアクションを「ありえないだろ」と突っ込みながら観るのが一般的な楽しみ方でしょう。マトリックスの世界は思念によって構成されているので、「覚醒者」は世界を構成する思念に直接的に介入することで仮想現実の中で超越的な「神技」を繰り出すことができるのでした。「チート・プレイ」という俗語は、ゲームのプログラミング・コードを改変して非常に有利な条件でゲームすることを意味しますが、「覚醒者」はその意味でまさにマトリックスの世界でチートなプレイをしているというわけです。

もちろん、現実の世界はフィクションとは違い、思念だけで構成されているわけではありません。SF好きの方で哲学的な素養のある人は「世界が幻想でないとなぜいえるか」とむしろその点を問題にしたいと思うかもしれませんが、ここでは措《お》きましょう。ある程度哲学的に確かな根拠をもって世界は単なる思念ではないということができますが、ここで立ち入ってその点を議論することはできません。

しかし、別の観点からいうと、現実世界の中で「マトリックス」のような「チート・プレイ」をすることは可能です。というのも、われわれが目にしている「この世界」が、「思念」によって強く条件付けられていることは確かだからです。われわれは現実そのものを直接見ているのではなく、みなで共有しているマインドセットを介して「世界」を把握しています。古くはカントが哲学的に精緻な議論を展開して示したことですが、比較的最近では「構造主義」と呼ばれる潮流の中で様々な学問の専門領域を横断しながら研究されています。人はみな同じルールを共有して「この世界」のゲームをプレイしていますが、「哲学者」はその外側に立ってゲームに介入する立場に立つわけです。もちろん、「哲学者」が勝手に自分に都合のいいようにルールを改変できるわけではありませんが、後述するように、「マトリックス」の外に立つことではじめて得られるメリットもあります。

ともあれ、いまの「この社会」も「マトリックス」のゲームのひとつであることは確かです。それは先に見た「私」をすべての事柄の基礎に考える思考の枠組みにほかなりません。「この社会」では、ロック的な立場を採る人もルソー的な立場を採る人もみな、そのマインドセットを介して世界の物事を理解しているのです。

「私」という枠組みで隠されるもの

これで「私」という枠組みを相対化することの「イメージ」はもってもらえたかと思うのですが、いかがでしょうか。「現実世界を構成するコードをハッキングしてチート・プレイしようぜ」というとあまりに軽すぎますが、入り口としてはまずはそんな感じです。しかし、それが具体的にどのようなことを意味するのかはまだ十分にお伝えできていないと思います。これも誤解される可能性を厭わず、日常生活に根ざした例でお話ししてみます。

満員電車で身体を擦り減らしながら、それぞれにスマホの画面を覗いている絵を思い描いてください。「パーソナル・スペース」という社会心理学で語られる概念がありますが、それは、他人がそれ以上近づくと私的な領域を侵害されたと感じる領域のことを指します。性別や年齢、文化的な差異によってその距離は変化しますが、ある程度の一般性をもって、「これ以上近づかれると不快」というラインがあることが知られています。

満員電車というのは、日々経験されるものでありながら非常に奇妙なものだと思うのですが、そこではパーソナル・スペースの限界が安々と超えられ、赤の他人の身体が接触するまでに近づきます。しかし、その異常な接近においてなお、他者とのコミュニケーションの回路が遮断されているのです。

直接的な身体同士の接触にいちいち「不快」を感じていると身がもちませんので、われわれは通常の人とのコミュニケーションの回路を開かずに満員電車に乗ります。接触しているものを「人」として認識していないとまではいえませんが、しかし、コミュニケーションの対象ではありません。もしそれらの「人」と通常のコミュニケーション・チャンネルを開いてしまえば、自分が揺られて動くたびに恐縮したり、相手の動きに苛つかなければならない羽目になるでしょう。それゆえ、人は満員電車の中でコミュニケーションの回路を遮断し、ギュウギュウに詰め込まれてなお、「それぞれの私」として存在するように努めることになるわけです。ときにはスマホを構える余地すらないほどの混雑になりますが、そこでも「私」の枠組みは死守されます。むしろその枠組みによって、身体的な接触を経てなお、バラバラな「個人」であることができるのです。

われわれはこうしたことをほとんど無意識にやっているわけですが、しかし、ある意味でこれはやはり驚嘆すべきことであるように思います。というのも、そこでは身体レベルでの現実を、思考の枠組みを適用することで意識の外に置くことに成功しているからです。満員電車の中の「それぞれの私」は、身体レベルでの不快を超えて「自分の世界」に入ります。「自分の世界」といっても、そこに社会性が欠如しているわけではありません。「それぞれの私」は、SNSやラジオ、動画、本などの様々なメディアを介して相互につながっています。メディアはそこで「バラバラな個人」をしっかりとつなぎ、社会的な空間を開いているのです。身体レベルの現実とは別にメディアを介して共有される共同世界が、つまり現代社会の「マトリックス」です。身体的な「不快」は「マトリックス」の共同幻想の中で、意識の外に置くことができているのでした。

「満員電車」を例としましたが、メディアを介して構築される共同世界に「現実」を見て、身体レベルでのリアリティに目を塞ぐことは、われわれの日常に一般化することができます。資本主義社会はそもそも、各人がそれぞれに「自分のこと」だけを考えることで一定の「道徳」を成立させるものでした。メディアの中で一般性を獲得することが「よいこと」であり、市場経済の中で高い値段が付けられるものが「よいもの」と見なされました。われわれが社会的な生活を営む限りにおいて、それは紛れもない「現実」です。メディアがいかに仮構的なものであったとしても、われわれはそのゲームの中で生きるほかはなく、そのためにときに身体的なレベルで感じられるリアリティが置き去りにされざるをえない場面が出てくるのでした。

質《たち》の悪いのは、その「マトリックス」の幻想が、結果的に人々を「騙す」ものだったとしても、それはそれで仕方ないと考えられていることです。各人が「自分のこと」だけを考え、その結果「騙される」ことで経済が発展するというのが、資本主義の「マトリックス」を考案した「哲学者」の考えでした。

例えば宣伝や広告は、人々の欲求を喚起し、特定の行為を促すための技術として開発されています。メディアの宣伝技術は、イメージ操作や条件付け等、人々の無意識に働きかけて欲求を喚起しようと大変な研究をしているわけです。必ずしもその気のない人の欲望を喚起し、何とかその気にさせるための技術が、そこで探究されているわけですね。

しかし、そうやって外的な要因によって喚起された欲求は、ひとたび喚起されるやその人自身の「やりたいこと」と見なされます。「私」という「マトリックス」の中では、すべての事柄は「私」に還元されるわけですから、欲求の主体もあくまで「私」です。「私」は、そうして「自分のこと」だけを考えて、意識の外に置かれたものの影響によって積極的に「騙された」あげく、すべてを「自己責任」として負うことになります。すべての事柄を「私」を基礎に考える思考の枠組みにおいては、当人もまたそれを「当たり前」として受け入れるほかはないでしょう。意識の外に置かれた身体レベルでの現実は、こうして「見えないこと」にされ、「マトリックス」の世界が唯一の「現実」と見なされるのです。

「マトリックス」の外に出ること

では、すべてを「私」に還元する「この社会」の「マトリックス」の外に出るというのは、具体的にいって、どのようなことを意味するのでしょうか。デカルトの「我思う、故に我あり」の話に戻ります。「疑っていることは疑いえない」ということから、「疑っている私が存在する」と結論するのには論理的な飛躍があると申し上げました。これはつまり、「私」という存在に還元される手前の状態があるということを意味します。つまり、人は生まれながらにして「私」であるのではなく、ある過程を経て「私」になるということです。

ここからは「私」という言葉を曖昧なまま使っているとかえって分かりづらくなるのでもう少し立ち入って定義しておきたいと思います。ここでいう「私」というのは「自己意識」と呼ばれるものを指しています。「自己意識」というのは、過去に自分がやったことを自分がやったこととして意識できることを意味します。「私」というのは、つまり、そうして過去に経験してきた事柄の中心となるものだということです。われわれは過去に経験したことをすべて覚えているわけでもありませんが、それでも思い出の品や状況証拠などで、それらを「私」の行為として引き受けることができます。過去からいままでの一連の経験を「私」の経験としてまとめる「自己意識」をもつということが、「私」といわれるものの中身にほかならないというわけです。こうした「自己意識」による「私」の定義は、ロックやカントが採用しているものでもあります。

しかし、そうして「私」を「自己意識」と定義すれば、それが生まれながらのものではないことは明らかです。それは「哲学的立場」のようなものではなく、端的な事実です。あまりにも遠い昔のことなので、覚えていらっしゃらないとは思いますが、人間の発達過程において自己意識が成立するのは大体、三歳ごろです。子どもはそれまで世界の出来事を「一人称」で経験してはいませんでした。「私」が成立していなければ、経験を一人称で語ることはできないわけです。ちなみにカントもこの事実を認めていますが、三歳以前の子どもでも、潜在的には自己意識は存在するのだと断言して問題を回避しています。

正確にいえば、これは時間の長さの問題ではありません。認識の構造の問題なので、五

～六歳ぐらいの比較的近い年齢の子どもでも、三歳以前の記憶を辿ることができません。というのも、自己意識が成立する以前の経験は、あくまで「私」に紐づけられていない経験なので、「私」の記憶を時系列で遡っていっても、三歳ごろを境に曖昧になってしまうからです。もちろん経験自体がなかったことになるわけではありませんので、その経験が思い出されることはあります。しかしそれは、自己意識に紐づけられていないため、時間と場所を特定できないまま、フラッシュバックされるものになります。経験される事柄を「私」に紐づけて理解することは、生まれながらにして成立するものではなく、ある過程を経て獲得されるものだということができるのです。

「子どものころは動物と話ができた」というセリフは、大人になってから聞くと「不思議ちゃん」のポジションを狙ったイタい言動のようにも思えますが、しかし、これはある意味で実際にそうだった可能性もあります。「話をする」というと言語的なコミュニケーションを思い浮かべますので、あるいは実態と違う可能性もありますが、何しろ「私」がまだ成立していない状態でのことですので、世界とのコミュニケーションはより直接的なものだったといえます。「私」が成立する以前の経験には、当然のことながら、「私」と他者の区別はありません。主体が感じ取る世界のすべての現象はある意味ですべて「私」の経験だといえますし、別の意味ではすべて「私」の経験でないともいえます。ネコが悲しそうな表情をしたとか、日だまりに置かれた椅子が暖かそうに昼寝しているとか、それらの経験は「私」がネコや椅子を対象として見るという構図ではなく、悲しそうなネコと昼寝する椅子を同じ世界で直接的に感じ取るかたちで経験されます。世界の物事が「私」の外の出来事としてではなく、内部感覚として感じ取られることで、「世界」との直接的なコミュニケーションが成立していたわけです。

これらの事柄は、単に幼年期を特権化したファンタジーではなく、「私」という枠組みを外しさえすれば、誰でもいつでも実際に立ち戻れるものだというのが重要な点です。先にも申し上げたように、われわれの方で勝手に思考の枠組みを適用して世界を認識しているだけで、現実の方はいつでもそこにあります。満員電車の中でそのフィルターをいきなり外すと吐き気を催すかもしれませんが、自分の身体がフィジカルに擦り減っている感覚を感じ取ることはできるでしょう。そして少し余裕が出れば、陽の光や空気感、なんでもない日常の風景が確かなリアリティをもって働きかけてくるのが分かるはずです。そこでは「私」なるものの社会的な位置づけは失われ、自分の身体もそれらの風景の一部になっている感覚が得られると思います。

もちろん、人間は社会関係の中で生きていますので、各人がそれぞれ、ひとりでフィルターを外すだけでは何も変わりません。「マトリックス」の中に戻れば、そこでの自分の社会的なポジションに応じて、逃げ場もなく追い詰められることもあるかと思います。「マトリックス」は、それがいかに身体レベルでの現実から乖離するものであっても、社会的現実として避けられない拘束力をもっているのです。

しかし、それでも身体レベルでのリアルな現実が「マトリックス」の外にいつでも広がっていることもまた事実です。それに気づくだけで、おそらくはそれなりの安心感を得ることはできます。VR（バーチャル・リアリティ）でギロチンを体験するとリアルに身体反応が出るとのことですが、それでも仮想現実が直接人を殺すわけではありません。幻想に追い詰められて自ら命を絶つ手前で、その「外」に抜け出すことはいつでもできるのです。

実際のところ、新宗教のようなものが、現代社会の日常から隔離されてなお盛んなのは、それらが「マトリックス」の外の「救済」を提示しているからだと思われます。同じ「マトリックス」の中にいたはずの友人がある日突然、新宗教に嵌ってしまう事例が絶えないのは、彼らが「マトリックス」の外に出ることを宗教的な神秘体験と取り違えるからだということができます。「これまで悩んでいたことが嘘のようになくなった」という声が、彼が出ていった扉の外から届きますが、それはあながち勧誘のための誘い文句にすぎないわけでもないのです。

あるいは人によっては「マトリックス」の外に出ること自体に「宗教臭」を感じる人も

いるかもしれません。が、それは違います。資本主義社会の「マトリックス」の外に出るといっても、特定の宗教的な言説に「本当の私」を見出して、再びそこに囚われることと端的に外に出ることでは意味が違います。ロック的な社会を乗り越えるためのルソー的な試みのうちのひとつに「オカルティズム」があったことを思い出していただければと思います。「オカルト」という言葉はそれ自体「隠されたもの」という意味をもっていましたが、「マトリックス」によって「隠されたもの」の発見の上に「教団」が作られ、特定個人が崇拝の対象となって「一般意志」が占有される出来事を、一九世紀のスピリチュアリズム以来われわれは、今日に至るまで繰り返してきたのでした。

しかし、「マトリックス」の外に出ることは、それ自体においては、誰でも普通に、少なくとも身体の現実性のレベルで日々経験していることです。それは何ら特権的な体験ではありません。何しろ、現実が目の前にあるのに、われわれの方で勝手に「マトリックス」を当てはめて理解しているだけなのですから。むしろ「マトリックス」こそが世界だと強く信じている人ほど、何かのきっかけで「外」が見えると、それを絶対化する傾向を強くもつように思います。外に出ること自体は誰でもできるごく普通のことですが、その普通のことを見ないできた人ほど、外の出来事を神秘化してしまうのです。「宗教は阿片だ」というのはマルクスの言葉ですが、ドラッグに頼らないと外に出られない人がドラッグに依存するのであって、自分でいつでも外に出られるなら、何らかの教養にすがりつく必要はありません。「マトリックス」の外に出ることは、それ自体において、社会的現実における行き詰まりを相対化し「生きる力」のようなものを与えるでしょう。しかし、その誰でもできることを特権化することは、新たな「マトリックス」を作って別なかたちで人々を搾取する危険があるのです。

新しい「社会契約」へ

しかし、単に枠組みを外すだけでは「マトリックス」の中の社会的現実はそのままに残されます。実際、資本主義社会の「マトリックス」はすべてを市場に取り込んで、その外に生存可能な領域を残さないほどに世界の全体を覆っています。だからこそ、人はいかに経済の先行きが見えなくても「この幻想を生きるしかない」と思わざるをえない状況になっているのだと思います。ゲームのルールははっきりとしているのだから、そのゲームをプレイするしかないではないか、というわけです。

しかし、そんなことはありません。もう一度みなで枠組みを外し、ともに「ゼロ地点」に立ち返ることができるならば、そこから新しい社会を構築することは、それほど難しいことではありません。以下、粗いものにはなりますが、真のゼロを自然状態とした新しい

「社会契約論」を素描してみたいと思います。

さて、あらためて「あるべき社会」を契約するとして、必要なルールはおそらくひとつだけです。それはつまり、「社会契約に参加する人は、「ゼロ地点」に立ち、みなで共有する思考の枠組みをそこから導き出す」というルールです。「マトリックス」の外に出てゼロ地点に立つことを憲法とするわけです。

ここで定められる「憲法」は、つまり、特定の社会のルールを定めるものというよりもむしろ、社会を作っていく上でみなで守るべき最初の約束を示しています。その中から実際にどのような思考の枠組みを共有するかをあらかじめ定めず、オープンにしていることが最大の特徴です。「社会契約」といっても、特定の社会のルールを互いに約束するのではなく、社会を作る上でわれわれが必ず守るべき条件を合意するものになっているわけです。こうすることで、特定のゲームを絶対化して離れられなくなることを防ぎます。

社会のゲームは共同体のみなで参加して一斉にプレイするものですので、もちろん、単純につまらないからといって簡単にやめられるものではありません。ゲームはゲームとして真剣にやらなければ、面白くもありません。しかし、特定の思考の枠組みを絶対化して、それだけが「世界」だと取り違えられるならば、身体レベルでの現実が置き去りにされ、人々がときに不当に搾取される仕組みができてしまいます。共有される思考の枠組みをゼロ地点から導き出すことを憲法とすることで、特定の社会のルールを常にゼロ地点に立ち戻って検討する可能性を最初の社会契約にあらかじめ盛り込むことができるのです。

しかし、では具体的にいって、そこではどのような社会が想定されうるのでしょうか。この憲法を承認した上で成立する社会が実際にどのようなものになるのかをごく簡単に描き出してみたいと思います。

「ゼロ地点」とは、特定の思考の枠組みの中で「自己」の意識が形成される手前の状態を示すものでした。「私」と他者との違いもない状態ですから、世界の事柄が全て直接的に経験されている状態を指し示しています。ひとりで「マトリックス」の外に出ても何も変わりませんが、みなで出ればそこから新たな思考の枠組みを作り上げていけるというわけです。ではそこからどうやって新しく共有されうる思考の枠組みを作っていけるのか。新しい方法を示す上では必ずしも適切ではないところもありますが、しかしここでも具体的なイメージの共有を優先して、われわれがこれまで、どうやって共通の思考の枠組みを作ってきたかをまずは見てみたいと思います。「神話」の機能です。

神話というのは、基本的に「この世界」がどうやって作られたかを描写します。「海」「空」「大地」といった自然的な事物の成り立ちや「死後の世界」と「生」の関係を物語形式で説明していくのが神話です。「宗教的な迷信」を排した近代社会に生きる読者からすれば、「いまさら神話?」と思われるかとは思いますが、しかし、われわれが無条件に信じている近代社会の「神話」を相対化して見るためにも、神話の作用を検討することには意味があります。実際神話は、神話世界と祖先との関わりを示すことで、神話を聞いている人自身の社会的なポジションを確定するという機能を担っているのでした。具体的に見てみます。お願いしたいのは、これらの神話をまだ「私」の意識を獲得していない幼児の立場で聞かされていると想定してみてほしいということです。まだ何も分からない子どもが「世界というのは、こういうものだ」と最初に言い聞かせられている場面を思い描いてください。神話がいかに暴力的に「私」の社会的位置づけを決めるものであるのかを追体験いただければと思います。

例えば、ユダヤ教、キリスト教、イスラム教に共通する世界創造の神話、「創世記」を見てみましょう。それは「はじめに神は天と地を創造した」とはじまります。断定です。世界はこのように作られたというところから話がはじまっています。「天と地」の後、「世界」のあらゆるものが神によって作られたといわれます。「神は「光あれ」といわれた。すると光があった」「神はまたいわれた、「水の間におおぞらがあって、水と水とを分けよ」/そのようになった」と続きます。ギリシア神話などに比べると「ドラマ仕立て」でない分、物足りないところもあるかもしれませんが、「創世記」では休日付きで七日間、きっちりと順を追って「世界」が作られる過程が描かれます。一週間の最後の「休息日」には、神と同じように人間も休まなければならないというルールは、今日ではなかなか守られないものになっていますが、聖書の神話から導き出されるものでした。

こうして「世界」が作られた後、最後に「人間」が作られ、「世界」における「人間」の役割が示されます。神は自分自身に似せてアダムを作り、アダムの肋骨からイブを作り、他の動物たちの支配者として繁栄せよと命じたといわれます。

この「最初の人間」の創造によって、それを読んでいる人の社会的な位置が定められていることに注意してください。特に「創世記」は、その後に「アダムとイブはセツを生み、セツはエノスを生み、エノスはカイナンを生み……」と、「ノア」や「アブラハム」などといった聖書のビッグネームを挟みつつ、話を読み手の現在に繋げていきます。これらの人々は「あなた」の祖先なのだというわけです。「あなた」は、これらの人々の子どもであり、その子どもとして「世界」の中にいるといわれます。ユダヤ教でもキリスト教でもイスラム教でも、「創世記」の神話作用を「自分」の社会的位置を確定する場面で被った人間は、こうして神の天地創造以来、何千年もの歴史を経て「自分」がいるという「自己意識」を獲得することになるのです。

近代における「私」の神話は、こうした宗教の神話をいったん解体した上で「はじめに私があった」というところからはじめられました。自己決定が神聖視され、無意識下の影響を排してなお「私」の主体性を死守するのが、近代の神話です。「私」を起点に社会契約のフィクションを描き、社会における人間の権利を定めることで、われわれは「自分」がどのような存在であるかを知るというわけです。

つまり、いずれの思考の枠組みも、各人が「私」をどのような存在として社会的に位置づけるかに関わっていることがお分かりになるかと思います。「私」というのは「自己意識」を指すといいましたが、過去からいまにつながる「自分」をどのように位置づけるかによって、「私」というべきものの中身が異なります。近代社会は、人間を宗教的な物語から解放しましたが、その代わりに「私」の神話を人々に伝えました。共通の思考の枠組みは、こうしてその都度、神話を紡ぎながら作られてきたのです。

新しい社会契約における「自由」と「平等」

では、新しい思考の枠組みとしては、どのようなものが考えられるのでしょうか。実際のところ、見出されるべき「新しい思考の枠組み」が具体的にどのようなものかは、あらかじめ設定されるべきではないと思われます。新しく見出される思考の枠組みは、実際に「ゼロ地点」に立ち返ったところから導き出されるべきものだからです。重要なのはむしろ、その際にいつでも守られるべきルールを設定することだと思われます。どのような思考の枠組みを導き出すにしても、そこに「自由」と「平等」が保障されるべきだというのが本書の提案です。自分で納得のいく思考の枠組みを得る「自由」と、多様な言説の可能性を同等に扱い、各人があらかじめもっているバックグラウンドに関して差別を設けない「平等」です。

思考の枠組みはみなで共有してはじめて社会的な機能をもつものですので、必ずしも各人が恣意的に変更できるものではありません。近代社会の神話も含めて、共通する思考の枠組みは基本的に各人にとって外側から与えられるものでした。しかし、外部から押し付けられる枠組みを受け入れるだけしかできないならば、われわれには自分でゲームを選択する「自由」はないことになります。しかし、本当にそうでしょうか。少し遠回りになりますが、言葉の機能について立ち入って見ることで、自分でゲームを選択する「自由」の可能性を考えてみたいと思います。

言葉というのは、それだけで見ると、単なる記号でしかありません。あらためて考えれば明らかだと思いますが、どんな言葉でも、それ自身においては、単なる音だったり、単なる線でしかありません。「光あれ」という単なる言葉と、それが実際に「光」という存在を十全に示すこととの間には、本来、かなりの飛躍があります。単なる言葉が「世界のあり方」を示すためには、それを神話として受け入れる姿勢が最初に必要とされるというわけです。もしそれがなければ、「神は「光あれ」といわれた。すると光があった」といった言葉は、単に知識として理解することはできても、「世界のあり方」を表して、その中に「人間」を社会的に位置づける作用はもちえないでしょう。その言葉は、「納得」の手前で、自分にとってよそよそしいものに留まります。

しかし、言葉というのは、本質的によそよそしいものということができます。はじめての言葉を聞いても人はその意味をすぐに理解することはできません。言葉は最初、単に他人が話しているもの、聞こえてくる音声にすぎないわけです。

幼児が言葉を習得する場面を思い描いてもらえれば分かりますが、子どもは言葉を外国語を習得するように体系的に学ぶのではありません。「自分にとって身近な人が何か音声を発している（けど、それがどういうことを意味しているのか皆目見当がつかない）」という経験を繰り返し、その中で「あ、そうか」と気がつく体験を積み重ねます。その中で、よそよそしかった言葉に「意味」が見出されていくわけです。神話は世界の成り立ちとその中での「自分」の位置を示すものだといいましたが、それは言葉に意味を与えていくことと言い換えることができます。世界で経験される様々な事柄が神話の言葉によって意味づけられていくというわけです。

さて、そう考えると、各人の思考の枠組みを取り払い、ともに「ゼロ地点」に立ち戻るということは、言葉と意味との関係をいったんリセットするということになります。「私」になる以前の幼児がそうであったように、またデカルトが徹底した疑いの中で到達した懐疑の淵のように、身体レベルでの現実だけがそこにあるような「ゼロ地点」が開かれます。特定の思考の枠組みに基づくことで言葉に意味が与えられているのだとすれば、枠組みが外されれば、「ヒカリアレ」という音を聞いても、それが直接的に経験される世界の明るさを指すものに直結しないことになります。そうしてすべての人々がそれぞれの思考の枠組みをいったん宙吊りにすることで、そこからともに新しい言葉を紡ぐことが可能になるでしょう。ともに「ゼロ地点」に立つ人々が、すべての神話を宙吊りにしながら言葉を吟味し、新しい「意味」を見出すことができるはずです。もしその新しい意味の立ち上がりに各人が参加できるならば、われわれは自分たちが共有する思考の枠組みを自ら納得する仕方で見出すことができます。意味を宙吊りにされた言葉の中で、ともに「なるほど、そうか」といえる事柄を見出していくことで、人々がともに同じ「世界」を見るための新しい思考の枠組みを得ることができるのです。そこでは、各人が納得できるゲームをする「自由」が人々に与えられることになります。

そのようなかたちで新しい思考の枠組みを作ることで、あらゆる政治的・宗教的な背景をもつ人々を「平等」に受け入れることもできるはずです。そこでは既存の宗教や新宗教、「私」にまつわる近代の神話もすべていったん宙吊りにされるわけですから、それらを否定することもできません。すべての思考の枠組みを外して「ゼロ地点」に立ち返るということは、どんな神話も排除せず「平等」に吟味することを意味します。あらゆる神話の可能性を同等の権利で吟味することこそが、本来、「多様性の尊重」というべきものだと思われるのです。

「多様性の尊重」という考え方は、そもそもロックに由来するものでした。宗教戦争を経て、他宗教・宗派への寛容を求めたことが事の発端です。人間は誰でも絶対的に正しいと言い切ることはできないので、自分が納得できない宗教や教義であっても、その存在を否定することまではできないというのが、ロックの議論でした。しばしば指摘されることではありますが、ここでロックがいう「多様性の尊重」は、他人への無関心が伴っています。他人の行為を「間違っている」と思っても、その判断は単に主観的なものである可能性もあるので、その意見をあえて他人に押し付けることはしないというのが、ロック的な意味での「多様性の尊重」であるわけです。

しかし、その意味での「多様性の尊重」は、各人は結局のところ「自分のこと」だけを考えるべきだというロック的な社会の「道徳」との関係で成立していることに目を向ける必要があります。実際のところ、ロック的な社会においては、自分が絶対に納得できないようなことであっても、あえて他人に干渉して意見をあらためさせる必要はありません。というのも、各人の行為は、最終的に巡り巡ってその人自身に返ってくることを、人々は期待できるからです。各人の行動は基本的には「自由」ですが、市場原理が提示する「道徳」に反するものは、やがて「市場」の裁きが下ると人々は期待します。経済的に困窮するか、人から相手にされなくなるかは分かりませんが、いずれにせよ、それはその人の責任です。自分が「間違っている」と思うことでも、直接相手にはいわず、その人の責任に帰するというのが、ロック的な意味での「多様性の尊重」で実践されていることなのでした。

真の意味での「多様性の尊重」とは、しかし、互いの無関心によって支えられるものではなくむしろ、すべてのものを権利的に「平等」に扱うということに求められるべきではないでしょうか。互いを異なるものとして隔てず、異なるバックグラウンドをもつ人々を同等に扱うことによってはじめて、「多様性の尊重」というべきものが実現できると考えられるのです。

さて、さしあたりはこうして、新しい社会契約の内実をお示しすることができました。

具体的にどのような思考の枠組みを社会のルールとするかは、実際に「ゼロ地点」に立ち戻る中から導き出される必要があるので、あらかじめ特定することは控えます。重要なのはむしろ、いつでも新しく作り直すための「自由」と「平等」を確保することです。「ともに「ゼロ地点」に立ち戻り、その中から新しい思考の枠組みを生み出すこと」を来るべき社会の憲法とすることで、いつでも各人が納得のいく思考の枠組みを作り直せる仕組みが得られます。契約に参加するすべての人は同じひとつの憲法を守りつつ、複数の開かれた思考の枠組みを共有することができるのです。

こうした議論はもちろん、その全体をいったん宙吊りにした上で吟味する必要があるでしょう。この契約では乗り越えがたい現実的な問題があるかもしれませんし、理念としても検討すべきことが残っていると思われます。

しかしそれでも、ここを起点にともに「ゼロ地点」へと立ち返ることができるならば、本書の企図は十二分に果たされたということができます。この本自体は批判の的になり、痕跡が一切残らないということでも構いません。願わくば、「この社会」しかないという諦めから人々が離れて、新しい社会への一歩が踏み出されんことを。そう祈りつつ本書を閉じたいと思います。お付き合いありがとうございました。

あとがき

　話し言葉を書くというのは、ひとつの大きな矛盾です。筆者にとって一般向けの本を書くのははじめての試みでしたが、ここで書かれたことは筆者が大学で教えはじめてから授業で話してきたことがもとになっています。荒谷の話は授業で聞くと楽しめるが、本で読むと訳が分からないという、褒めているのか貶しているのかわからない感想をしばしばもらうことがあり、それならばと思って書いたのが本書になります。

　しかし、書いてみるとすぐに大きな壁に突き当たりました。デリダの指摘を待つまでもなく、書かれたものにはふつう作者は必要ありません。テクストに内在する論理は、読むことで立ち上がるようになっているので、テクストと読者がいれば十分というのが「書かれたもの」の世界なわけです。しかし、話し言葉を書くという行為においては「話し手」が否応なく現れます。読む行為にとっては本来必要のない「ナビゲータ」が現れ、筆者も思わず笑ってしまうような主体が文の中で立ち上がってしまうのでした。

　それでも本書は「語りかけること」を目的に書かれました。それは純粋に「声」を届けたいがためです。それはおそらく筆者個人の声ではなく、本文中の言葉を使わせていただければ「私」という枠組みを外したところから立ち上がってくるものです。あるいはそうなっていてほしいと思います。言説が力を失った時代において、読まれるのを待つテクストを書くだけでなく、互いに声を響かせ合える場を開くことはできないか。そんな想いで本書はみなさま宛に送られます。

前著『ラカンの哲学』を上梓した後の反省会で信頼する互盛央さんに「荒谷さんは一度、一般向けの本を書いたほうがいい」と勧められたのが本書のきっかけでした。そして運良く現代新書編集長の青木肇さんにご担当いただけることになりました。本書が衒学的な物言いから離れて、少しでもわかりやすいものになっているとすれば、それはひとえに青木さんが親身に叩いてくれたおかげです。本当にありがたいことでした。最後にはさらに、講談社へ移られたばかりの気鋭の編集者、栗原一樹さんにもお世話になり、この上なく恵まれた執筆環境で仕事をさせていただきました。この場を借りてお礼を申し上げます。

しかしおそらく、この本を出すにあたって一番感謝すべきは、本務校の江戸川大学および非常勤先の慶應義塾大学で該当の授業を受けてくれた学生さんたちでしょう。彼ら／彼女らとの対話に支えられてはじめて、筆者の言葉が意味をもちました。ありがとうございます。

ひとりでも多くの人々に声が届くことを願って。

二〇一九年五月　満員電車に揺られながら

筆者

講談社現代新書　2536

資《し》本《ほん》主《しゅ》義《ぎ》に出《で》口《ぐち》はあるか

二〇一九年八月二〇日第一刷発行

著者　荒《あら》谷《や》大《だい》輔《すけ》

発行者　渡瀬昌彦

発行所　株式会社講談社
東京都文京区音羽二丁目一二—二一　郵便番号一一二—八〇〇一

電話　〇三—五三九五—三五二一　編集（現代新書）
〇三—五三九五—四四一五　販売
〇三—五三九五—三六一五　業務

装幀者　中島英樹

印刷所　豊国印刷株式会社

製本所　株式会社国宝社

本文データ制作　講談社デジタル製作

定価はカバーに表示してあります　Printed in Japan

N.D.C.133　273p　18cm
ISBN978-4-06-517016-8

「講談社現代新書」の刊行にあたって

教養は万人が身をもって養い創造すべきものであって、一部の専門家の占有物として、ただ一方的に人々の手もとに配布され伝達されうるものではありません。

しかし、不幸にしてわが国の現状では、教養の重要な養いとなるべき書物は、ほとんど講壇からの天下りや単なる解説に終始し、知識技術を真剣に希求する青少年・学生・一般民衆の根本的な疑問や興味は、けっして十分に答えられ、解きほぐされ、手引きされることがありません。万人の内奥から発した真正の教養への芽ばえが、こうして放置され、むなしく滅びさる運命にゆだねられているのです。

このことは、中・高校だけで教育をおわる人々の成長をはばんでいるだけでなく、大学に進んだり、インテリと目されたりする人々の精神力の健康さえもむしばみ、わが国の文化の実質をまことに脆弱なものにしています。単なる博識以上の根強い思索力・判断力、および確かな技術にささえられた教養を必要とする日本の将来にとって、これは真剣に憂慮されなければならない事態であるといわなければなりません。

わたしたちの「講談社現代新書」は、この事態の克服を意図して計画されたものです。これによってわたしたちは、講壇からの天下りでもなく、単なる解説書でもない、もっぱら万人の魂に生ずる初発的かつ根本的な問題をとらえ、掘り起こし、手引きし、しかも最新の知識への展望を万人に確立させる書物を、新しく世の中に送り出したいと念願しています。

わたしたちは、創業以来民衆を対象とする啓蒙の仕事に専心してきた講談社にとって、これこそもっともふさわしい課題であり、伝統ある出版社としての義務でもあると考えているのです。

一九六四年四月　野間省一

哲学・思想Ⅰ

Ⓐ

哲学・思想Ⅱ

13 論語——貝塚茂樹
285 正しく考えるために 岩崎武雄
324 美について——今道友信
1007 日本の風景・西欧の景観——オギュスタン・ベルク 篠田勝英 訳
1123 はじめてのインド哲学 立川武蔵
1150 「欲望」と資本主義——佐伯啓思
1163 「孫子」を読む——浅野裕一
1247 メタファー思考——瀬戸賢一
1248 20世紀言語学入門 加賀野井秀一
1278 ラカンの精神分析——新宮一成
1358 「教養」とは何か——阿部謹也
1436 古事記と日本書紀 神野志隆光
1439 〈意識〉とは何だろうか 下條信輔
1542 自由はどこまで可能か 森村進
1544 倫理という力——前田英樹
1560 神道の逆襲——菅野覚明
1741 武士道の逆襲——菅野覚明
1749 自由とは何か——佐伯啓思
1763 ソシュールと言語学——町田健
1849 系統樹思考の世界——三中信宏
1867 現代建築に関する16章 五十嵐太郎
2009 ニッポンの思想——佐々木敦
2014 分類思考の世界——三中信宏
2093 ウェブ×ソーシャル×アメリカ 池田純一
2114 いつだって大変な時代——堀井憲一郎
2134 いまを生きるための思想キーワード——仲正昌樹
2155 独立国家のつくりかた 坂口恭平
2167 新しい左翼入門——松尾匡
2168 社会を変えるには——小熊英二
2172 私とは何か——平野啓一郎
2177 わかりあえないことから 平田オリザ
2179 アメリカを動かす思想 小川仁志
2216 まんが 哲学入門——森岡正博 寺田にゃんこふ
2254 教育の力——苫野一徳
2274 現実脱出論——坂口恭平
2290 闘うための哲学書——小川仁志 萱野稔人
2341 ハイデガー哲学入門 仲正昌樹
2437 ハイデガー『存在と時間』入門——轟孝夫

Ⓑ

政治・社会

経済・ビジネス